致未來的你

看故事學理財，無壓力慢慢變富有！

做對選擇，乘著時間之帆賺錢，擁有自在的人生！

安柏姐 —— 著

Contents

推薦序　讓未來的你，感謝今天勇敢的你自己 ── 4
作者序　為了那個還未出現的自己 ── 8
　　　　──慢慢地，讓自己有更多選擇的自由

Chapter 0　求婚 ── 14
　　　　──這是一條人生必走的路？

Chapter 1　妳，到底是誰呢？ ── 32
　　　　──房間裡陌生的老婦人

Chapter 2　我說，我是經濟獨立的女性 ── 44
　　　　──妳真的負擔得起現在的生活嗎？

Chapter 3　寫下100個願望清單 ── 64
　　　　──如果什麼都不必顧慮，妳會選擇怎樣的人生？

Chapter 4　錢，也需要健康檢查 ── 92
　　　　──你的錢健康嗎？

Chapter 5　原來錢應該這樣花 ── 110
　　　　──記帳與六個帳戶，開始理財的第一步

Chapter 6　買下的是夢想，還是負擔？ ○———● 136
　　　　　——買不買房都是自己的選擇

Chapter 7　我選擇站在時間那一邊 ○———● 160
　　　　　——與其追逐短期操作的快速致富，不如欣賞長期主義的細水長流

Chapter 8　因為懂，所以才能慢慢累積 ○———● 184
　　　　　——投資，必須建立在理解之上。

Chapter 9　當一切看似完美的時候 ○———● 246
　　　　　——在金錢的世界裡，過於完美的承諾可能隱藏著無形的危險

Chapter 10　沒關係，一切都還來得及 ○———● 264
　　　　　——種一棵樹最好的時機在10年前，其次是現在

Chapter 11　回到四十年前，遇見自己 ○———● 282
　　　　　——希望妳過得比我好

附記　　沈芮緹的理財學習筆記 ○———● 298

參考資料 ○———● 351

推薦序

讓未來的你，感謝今天勇敢的你自己

文／菁羚商學院創辦人 顏菁羚

我第一次見到安柏姐，是在一家茶舘裡，當時是為了邀請她到我的平台來為我的學員開債券相關的課程，所以約了她見面，想深度了解她的理財投資模式。

她不疾不徐地說著自己的理財故事，那不是一種「我很厲害」的高姿態，而是像姊姊一樣的溫柔，一路走來、踩過的坑、繳過的學費，才練就一身「看懂錢」的本領。她的語氣裡有著對生活的深情，也有著對未來的承諾。

這次當我收到她的書稿，看到她寫的是一本「用故事帶人走入理財世界」的小說時，我心中是激動的。因為我知道，在這個時代，我們不缺知識，不缺技巧，缺的是一條能讓人願意走進去的路。而這本《致未來的你》，正是一條溫

暖、真誠、而且會讓人深受感動的路。

從「故事」出發，走進「理財」的世界

《致未來的你》是一部以小說為形式的理財啟蒙之書，它不像一般理財書那樣充滿公式和圖表，而是用主角沈芮緹的人生旅程，讓我們一步步看見「理財從來不是冷冰冰的數字，而是關於選擇、關於信念，更關於人生的每一個重要時刻」。

從第0章〈求婚〉的迷惘開始，這是一場屬於每一個現代女性的內在自我探索之旅。書中沒有評判，沒有標準答案，只有一次又一次真實的自問自答：我過的生活，是我真正想要的嗎？我為了誰而努力？我是否有勇氣，為自己做選擇？

這些提問，不只是故事主角的，也是你我的日常風景。當我們讀著沈芮緹寫下「100個願望」的那一章，也許心中會泛起一個念頭：「我也好久沒有想過，如果沒有任何顧慮，我想過什麼樣的生活？」

理財，不是限制，而是自由的開始

這本書最打動我的，是它把「理財」這件事，重新詮釋成一種自由的練習。

第5章講到「記帳與六個帳戶」，這是許多人開始理財的第一課，但安柏姐寫得特別溫柔。不是要你戒掉所有快樂、拚命存錢，而是要你知道：錢，是一種資源，你可以主動選擇怎麼分配，如何照顧現在的你，同時也照顧到未來的你。

而到了第7章、第8章，她帶我們看見「長期主義的美好」，以及「投資必須建立在理解之上」的理念。在這個資訊爆炸、短線投機盛行的年代，她提醒我們：真正的財富，不是靠一次爆發，而是靠一次又一次有意識的累積。這樣的話語，彷彿一帖安神的靈藥，讓焦慮的人們找到節奏，重新站穩腳步。

送給每一個努力生活的人：一個理解與祝福的故事

我最喜歡這本書的最後一章，即第十一章〈回到四十年前，遇見自己〉。當沈芮緹望著過往的自己，那句「希望你過得比我好」，讓我差點落淚。

這是一本送給「未來的自己」的書，也是一封寫給「現在的你」的信。它沒有說教，卻讓人一邊讀、一邊反思，一邊開始行動。

讀完這本書，你不會立刻變成投資高手，但你會更了解自己的財務體質，開始正視財務的健康，慢慢學會用適合自己的方式，創造有選擇的人生。而這，正是最珍貴的開始。

寫在最後：給曾經迷惘的你，也給即將出發的你

如果你曾因為沒有經濟基礎而不敢做夢；如果你曾因為對數字頭暈而對理財敬而遠之；如果你也曾在婚姻、職涯、人生抉擇的十字路口，問自己：「我該往哪裡走？」

那麼，我想對你說，請給自己一個機會，翻開這本書。

讓這個故事，陪你慢慢走過那些迷霧；讓安柏姐溫暖的筆觸，替你擦亮未來的方向。

只要你願意開始，就能一點一滴，讓未來的你，感謝今天勇敢的你自己。

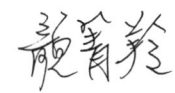

作者序

為了那個還未出現的自己

慢慢地讓自己有更多選擇的自由

「為什麼你沒想過要開始存退休金呢？」

我放下手中的咖啡杯，抬頭望向Wayne，順手拿起Jack從日本帶回來的餅乾，輕咬一口。濃郁的奶香在口中悄然綻放，柔軟、細膩，讓人捨不得太快嚥下。啊，日本的餅乾果然不同凡響。

冬日午後的陽光，透過咖啡廳的玻璃灑落下來，溫和地映在Wayne臉上，年輕的輪廓在光影中浮現出一種說不出的飽和感。我不禁在心中輕歎，青春真是一種無需言語的風景。

這天下午，我與Jack、Wayne和Willian在臺北車站附近的Coffee To小聚。我們的相識始於幾年前的宿霧遊學，那時

我們在同一間語言學校學習英語。雖然年齡相差超過一輪，但絲毫不影響我們建立起好交情。

「嗯，我覺得那個並不重要。」沉思片刻後，Wayne這樣回答。「就是……太陌生了，我對於退休生活，沒有任何情感連結，也沒有想像。」他說得坦率，Jack與Willian也默默地點了點頭，彷彿他的話說出了他們心底的某種感受。

沒有人不渴望富有，更多人則夢想能夠快速致富，成為FIRE（Financial Independence, Retire Early，財富自由，提早退休）一族。

財富自由，成了這個時代無數人追逐的終極目標。在網路世界裡，一位又一位「少年股神」與「投資奇才」被熱烈追捧傳頌著，他們代表著許多人的夢想，也成了許多人追隨的目標。但這些光芒的背後，卻常常掩蓋了「倖存者偏差」的真相，即我們總是記住成功的故事，卻忘了大多數人的失敗與沉沒。在投資領域中，它多數會讓人高估自己的能力，讓人覺得他們也足夠幸運得能夠快速致富發跡。

退休前，我是一名操盤人，同時也帶領著一個二十多人的專業投資團隊。二十多年來，我將熱情投注於投資市場，逐漸在心中建立起屬於自己的一套信條。其中一項便是：財富的累積，不只是為了擁有金錢本身，而是為了在生命中擁有更多「選擇」的自由。

我知道自己是幸運的。

從小，在母親的影響下，我學會了記帳、理解「量入為出」的道理，也知道退休金不應該是晚年的壓力，而是年輕時就該播種的未來。當然，我也曾因年少輕狂，過度消費而短暫負債過。所幸，在混沌中我仍保有反思與修正的能力。

畢業後進入資產管理公司工作，一路接受專業訓練，也在實務中不斷打磨自己的投資理念。最終，我成為了長期主義的信徒，相信時間永遠是投資最好的朋友；深信複利對於人生的意義，猶如陽光、空氣與水之於我們：它們的存在無聲無息，卻以最平凡的方式，持久而深刻地滋養著我們的生命。

也因此，我得以在還未到達傳統意義上的「退休年齡」時，就離開了職場，成為FIRE中的一名，展開屬於自己的第二人生。

過去因為職務所需，我經常受邀參與投資論壇，分享市場觀察與理財理念。比起與專業法人討論市場走勢，我更願意與一般投資人對話，因為我知道，他們才是更需要理解投資、認識理財的人。

如今，我擁有更多的自由，可以去做一直以來想做的事情－跟更多人分享理財想法與經驗。

投資理財從來沒有標準答案，但是，投資可以很簡單，理財也沒有那麼複雜。我不打算說教，也不想把理財變成沉重的課題，只希望透過不同的方式，為那些對理財一知半解、卻願意開始嘗試的人，提供一些幫助。畢竟，投資理財，只是幫助我們過上想要的生活、擁有更多選擇自由的工具而已。

那個午後，Wayne的話一直在我心頭迴盪。

他的坦率回答讓我深思：為什麼，某些人會覺得退休金準備沒那麼重要，尤其是年輕人。

在翻閱一些心理學的文獻後，我才慢慢找到可能的答案，即人對於未來的自己總是感到陌生，而這分對未來的陌生感，使人難以與「退休」這件事建立起情感上的連結。

然而，歲月總是不動聲色地改變著我們的身體與生活。當時間慢慢地將我們推著走向老年，若缺乏足以支撐生活的力量（包含健康、金錢、關係，以及興趣），那樣的光景，想必是令人感到寂寞而無助的吧。

因此，我寫下這本書，透過我的投資專長，以及年少時對寫作的興趣，加入一點對「平行時空」的想像，藉由一個年輕女孩探討人生目的的故事，提供大家一些理財的方法。

希望它能像冬日午後的一杯溫熱咖啡，在平靜的時光裡，陪伴妳或你思索自己與金錢的關係，並且描繪出屬於自己的生活藍圖。

安柏姐寫於板橋

2025.05.01

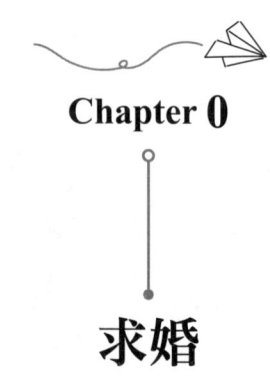

Chapter 0

求婚

這是一條人生必走的路？

沈芮緹踢著石頭，漫無目的地在街上走著，心中的煩悶如影隨形，讓她無法平靜。最終，她拐進了一家熟悉的酒吧。

這段時間，每當她需要一個人靜一靜時，這裡總是她的避風港。酒吧的氛圍總能讓她感到安穩。這裡的客人大多只是簡單地喝著酒，偶爾低聲交談，沒有多餘的喧囂。

酒吧的空間不大，半開放的空間，帶著藝廊般設計感，木質的裝潢散發出一種時尚而舒適的氛圍。這樣的空間讓人不由自主地放鬆，彷彿所有的煩憂都能隨著悠揚的音樂飄散無蹤。

這樣的氛圍讓她更加喜歡待在這裡。在這裡，她能輕鬆

地放開自己，無需擔心被打擾。

吧檯旁，站著一位身著黑色緊身衣的女歌手，她低沈、溫暖的聲音在空氣中迴盪，演唱著瑪婷・麥吉俊（Martine McCutcheon）的《完美時刻（Perfect Moment）》。

沈芮緹端著一杯白俄羅斯（White Russian），隨著音符輕輕拍打著桌面，視線時而掃過來來往往的客人，然而無論她如何努力，她依然無法感受到一絲屬於自己的歸屬感。這種感覺讓她有些迷茫，空洞的感覺，像是心底的一個缺口，無論如何也無法填滿。

最近，沈芮緹總覺得生活變得有些沉重，彷彿一層無形的迷霧籠罩著她。心中的煩躁與不安，時常讓她無法入睡，夜晚的寂靜反而放大了那些困擾她的念頭。

她的工作順利，家庭和諧，還有一位感情穩定的男朋友陳利昂，朋友們總是說她是「人生勝利組」，是身邊的亮點。

但她自己知道，那些外在的光環，並不能遮掩她內心的空虛與迷茫。她的心中充滿了無數的疑問，卻又找不到一個清晰的答案。每當獨自一人時，她會感到一股莫名的空洞，彷彿在擁有一切的同時，卻失去了某些更為重要的東西。

她想，也許她的生活就像手中這杯白俄羅斯，上層是光滑純潔的白色，底層卻是沈沈的黑暗色調，令人無法忽視。

沈芮緹不禁開始反思，究竟是什麼讓她陷入這種無法言喻的焦慮中？

　　那股不安的情緒，像是影子般隨時跟隨著她，縱使她努力去擺脫，依然無法擺脫心中的疑惑。或許，她正站在人生的十字路口，既有成就的光輝，也有不安的陰影交織其中。

　　這一刻，沈芮緹只是想靜靜地坐著，讓音樂和酒精稍微沖淡心中的沉重。

＊ ＊ ＊ ＊ ＊ ＊ ＊ ＊ ＊

　　那年夏天，空氣中瀰漫著炸雞的香氣以及汽水的甜膩味。升高二的沈芮緹和幾位同學一起到一家知名的連鎖速食店打工。

　　總是開得很強的冷氣、震耳欲聾的音樂、乾淨整齊的制服、亮晃晃的燈光與標準化的流程，構成了一種與學校截然不同的秩序感。對當時的她來說，那份工作是一種逃離日常的出口，是讓她感受到自己正在邁入大人世界的證明，也正是在那裡，她遇見了陳利昂。

　　比起其他一起打工的伙伴，陳利昂少了幾分浮躁，多了些不動聲色的自在。起初，沈芮緹並沒有特別留意到他，只當他是一位班表總是排在一起的伙伴。

年輕人之間總是容易熟稔。一開始大家成群結隊地上下班、吃宵夜、談天說地，有說不盡的青春話題。後來，不知道從什麼時候開始，一起出遊的人慢慢變少了，最後變成了只有她和陳利昂。

某天傍晚，他們一起下班，在回家的公車上，陳利昂忽然問：「想不想去吃霜淇淋？」語氣像是問天氣好不好那般自然，卻從此開啟了兩人之間的交往。

兩年後，沈芮緹才知道，陳利昂的父親是股市聞人，家境遠比她想像得富裕。她記得當時驚訝地問他：「你為什麼還跑去打工？還是在時薪一百出頭的速食店？」

「我想要體驗不同的生活。」他一邊攪拌著手裡的咖啡，語氣淡淡地說。語調輕輕的，好像他真的只是單純地想試著看看另一種日常。

沈芮緹那時覺得，自己問了個很笨的問題。畢竟陳利昂每月的零用錢，可能都比普通上班族的薪水還高。打工，對他來說，的確只是一種生活體驗，而不是像她一樣，得為了買書、買衣服、存手機錢，一點一滴努力累積。

大學畢業後，在教授的推薦下，沈芮緹順利地進入一家外商企管顧問公司的行政部門。她從最基本的庶務工作做起──處理報表、安排會議、管理文件、接待客戶、替部門之間

傳遞訊息。

剛畢業的她，對於職涯並沒有太明確的藍圖與野心，只是認真地做著每一件小事。

「至少，是份穩定的工作吧⋯⋯」她這麼告訴自己。

她不是那種會在二十出頭就決定人生方向的人，只是覺得先有工作、有收入，就是一種安定。

陳利昂曾不只一次勸她辭職，他說他可以養她，她根本不需要每天搭早班捷運，做這份每個月只領三萬出頭的工作。

但沈芮緹拒絕了。不是因為她對這份工作有多深的感情，而是她心裡隱約有個聲音告訴自己：她必須工作，她不願成為別人眼中那種必須依附男人才能生活的女人。

沈芮緹與陳利昂交往多年，在這段關係中，她總是處於一個微妙的、相對弱勢的角色。她習慣了為對方妥協，習慣了讓步，習慣了默默承受他的期望。每當她嘗試表達自己的一些想法或選擇時，陳利昂總是能輕易地讓她放棄。這種關係讓沈芮緹感到自己慢慢迷失了，彷彿在不知不覺中，她已經忘記了最初的自己，而她也不知道該如何改變這種情況。但是，至少在工作上，她希望保有一點選擇的自由。

生命中總有些事情，在不經意時就悄悄發生改變。

三年前，沈芮緹意外地被福委會選中，擔任一年一度 Annual Party（年度派對）的主持人。

她被選為年度派對的主持人並不令人意外。她屬於那種站在人群中會閃閃發亮的類型，大方、活潑、不拘小節、帶一點好奇寶寶的性格，這些讓她成為一個不錯的談話對象，也讓人跟她相處起來沒有壓力。和她對過話的人大多會記得，她笑起來時，聲音像氣泡水剛開瓶那一刻。

外商公司的年度派對，氣氛一向熱烈，音樂節奏強烈，酒杯碰撞的聲音此起彼落，像是一場準備燃起的派對。而沈芮緹，就是點燃這場派對的那個人。

那天，沈芮緹穿著一襲酒紅色洋裝，裙擺隨著她的步伐微微搖曳，像是一抹流動的光。她站上舞臺中央，笑容自然地綻開，眼神像是與每個人輕輕地打了個招呼。她的主持不是一味地炒熱氣氛，而是用她的開朗大方並帶點俏皮的說話方式，把大家自然地帶進節奏裡。像是有人在一個熾熱的夜晚，遞來一杯恰好溫度的氣泡酒，讓整場派對多了一分人味與餘韻。

「原來活動可以這麼自然地好玩啊！」有人這樣說。也有人回過神來，才發現自己居然整晚都沒有滑手機。因為沈芮緹的主持，像是在吵鬧與歡笑之中，悄悄織出了一個小小的

Chapter 0　求婚　19

世界，讓大家都捨不得離開。

「我覺得她很特別，」行銷處總監陳艾咪坐在臺下，眼神隨著臺上的光移動，「她不是那種一出場就喧鬧的人，但她讓整個場子很自然地熱起來，好像大家都輕鬆了。」她跟坐在身旁的人資長說。

幾個月後，行銷處準備籌劃一場大型論壇，陳艾咪在主持的內部會議中，直接推薦沈芮緹擔任主持人。意外地，全體無異議地通過這個建議。有人說她台風好，有人說她說話有趣又很有溫度，是合適的主持人選。

論壇那天，沈芮緹提早到場，站在空蕩蕩的會議廳裡走位以便熟悉位置。正式開始後，她的聲音穿過麥克風，像細雨那樣溫和卻不含糊。從開場到串場，每一段過場她都處理得恰如其分。

活動結束時，有外賓私下問陳艾咪：「妳們從那找來的主持人啊？看起來很年輕，但非常專業啊！」

艾咪是笑了一下，語氣帶著一絲驕傲說：「她是我們未來的行銷部同仁。」

不久之後，沈芮緹在取得原部門主管的同意下，請調了部門。

沈芮緹進入行銷部後，工作重心不再是日常的行政事務，而是**轉向**了如何將顧問公司的專業服務更好地傳遞給外界。一開始，她主要負責整理來自各行業的市場分析報告，彙整競爭對手的動態，這些看似枯燥的資料，卻是行銷策略的基礎。

　　除了分析工作，她還需要協助撰寫公司對外的電子報與行銷簡訊，這些資料主要傳遞顧問公司最新的行業洞察與成功案例。每一篇文字的背後，都有來自顧問團隊的智慧，而沈芮緹必須將這些內容用清晰、有吸引力的語言呈現給潛在客戶與合作夥伴。她學會如何用文字去拉近與客戶的距離，如何讓一個理論性強的顧問報告，變得更加親和易懂。

　　後來工作內容與強度逐步提升，開始負責大型活動，如產業研討會或顧客交流會，從協助設計邀請函、與活動場地的聯繫到現場流程的執行。她總是積極提出建議，協助優化每一個細節。

　　她盡責地扮演公司與客戶間溝通的橋樑。每次參與會議，她會仔細聆聽顧問們對於個案的討論，記下這些專業的觀察與見解，適時地請教問題，並用它們來潤色她自己的行銷內容。她學會了如何在極具挑戰的市場中找到切入點，如何在簡單的短句中，表達出顧問公司深厚的專業背景。

她清楚自己雖然不再擁有行政部門那種明確可量化的工作模式，但這樣的環境反而讓她更加學會觀察，學會察覺每一個行銷活動背後的深層目標。

　　這樣的忙碌並未讓她感到疲憊，反而讓她的熱情愈加高漲，她越來越沉浸於行銷的世界，也開始從內心感受到自己逐漸融入這個領域的每一刻。

　　她知道，行銷並不是一份單純的「宣傳」工作，而是一場不斷挖掘與表達真實價值的過程。每一個客戶的問題，每一場活動的背後，都是一段故事，她學會了如何以顧問公司為載體，講述這些故事，並讓它們觸及更多人的心。

　　沈芮緹天生是吃這行飯的，她的出色表現，不只是臺灣的長官讚譽有加，就連總部的高層也開始注意到她，甚至在公開場合點名表揚她，稱讚她是團隊中的亮點。

　　職場上的順風順水，讓她快速晉升。從剛入職時的行政小專員，她只花了五年就晉升到經理的職位，薪資也隨著職稱一級級往上跳，薪資通知單上的數字，讓她每次看到都不禁地揚起微笑。

　　然而，工作壓力也隨之升高。為了讓自己喘口氣，她學會了一種「小小」的解壓方式，那就是購物。

她覺得自己不是進行那種失控的揮霍，而是像一場場與自己和解的儀式。新款的高跟鞋、香氛蠟燭、精緻的陶瓷器皿，又或是一場說走就走的短旅行，她會給自己找一個理由，也許是完成了一個專案，也許只是星期五的午後陽光正好。每當拎著紙袋走出百貨公司，她總覺得那一點點輕盈的快樂，是生活還給她的微小獎勵。

　　因此，雖然收入頗豐，她卻幾乎是月光族，銀行帳戶裡的存款永遠保持在六位數。對此，沈芮緹的媽媽偶爾還是會念叨兩句：「賺得多，花得也多。妳老了怎麼辦？」

　　她總是笑著回說：「媽，妳別擔心。我有專業，還怕沒飯吃嗎？」

　　在她看來，錢本來就不是用來守著的。比起安穩地躺在銀行裡的數字，她更在意眼前的生活質感。

　　她說：「花完再賺就有了啊，我才不想為了存那幾個錢，把自己憋得沒好日子過。」

　　她並非刻意追求華麗，只是身邊的人與環境，自然地將她帶入那樣的生活節奏。一種不需思索的細緻與講究，慢慢滲入她的日常。

　　雖然沈芮緹從未向陳利昂伸手要過錢，但自從他們交往以來，外出用餐、旅行、節慶禮物乃至偶爾的驚喜花費，幾

乎全由陳利昂一手包辦。

他出手向來大方，不張揚卻從不吝嗇，總是在細節中顯出體貼與講究。無論是一間預約困難的米其林餐廳，或是一條來自歐洲設計師品牌的絲巾，都是他隨手放進她日常生活裡的小巧奢華。

一開始，沈芮緹還會稍微推辭，說「這太貴了吧」或「我自己有薪水可以買」，但陳利昂總是輕描淡寫地笑笑，說：「妳是我女朋友，我理當照顧妳，不用和我分得那麼清楚。」

久而久之，她覺得說多了就顯得矯情，學會了坦然接受他的好意，也逐漸習慣那樣被妥帖照顧的日子。

手上的包包永遠是當季款，咖啡總是喝來自小農莊園的單品濾泡，旅行住宿總挑選設計旅店或溫泉旅館中最高檔安靜的一間房。

這樣的生活方式，如今對她而言，早已不再是奢侈，而是一種理所當然的習慣。她覺得自己從未依賴誰，卻沒有意識到「習慣，有時比依賴更深」，她不自覺地享受了許多她的薪水負擔不起的生活形態。

＊＊＊＊＊＊＊＊＊＊

沈芮緹下意識地再啜了一口杯中的酒，卻只有酒杯的冰

涼的觸感，沈芮緹這才發現，手中的白俄羅斯早已見底。

她輕輕放下杯子，抬頭向吧檯另一端的酒保示意，再點了一杯長島冰茶（Long Island Iced Tea）。

熟識的酒保望了她一眼，察覺出她今晚情緒不太對，微微皺了下眉頭，語氣輕柔地問：「要不要換點清淡點的？Cosmopolitan？或是Mojito也不錯。」

她搖搖手，淡淡地笑了笑。「不用，就它。」聲音雖然輕，語氣卻很堅定。

不久，一杯琥珀色的長島冰茶出現在她面前，玻璃杯外緣泛著細細水珠，在昏黃燈光下閃著淡淡的光澤。她輕輕啜了一口，濃烈的酒味立刻在舌尖化開，像是一瞬間攪動了心底那道未曾安靜的波紋。

她坐在吧檯一隅，身後是喧鬧的人聲與柔和的音樂，眼神卻空落地凝視著前方某個模糊的角落。腦中浮現的，是今天晚餐時陳利昂說的話。

沈芮緹努力回想他當時的表情，卻怎麼也拼不出一個完整的畫面，只剩心口淡淡的煩悶。

晚餐是在一家他們常去的小法式餐館，靠窗的位置，燭光搖曳，氣氛靜謐。沈芮緹穿著一件霧藍色的洋裝，髮絲柔

順地垂落在肩頭，一如往常地，微笑且安靜地聆聽陳利昂講他最近出差的趣事。

直到甜點送上來時，他忽然變得安靜了些，她還沒察覺異樣，他已悄悄地從西裝外套的內袋中拿出了一個小盒子。那是個看起來很精緻的戒指盒，深藍絲絨外殼，像是冬夜星空。

「芮芮，我們結婚吧！」他說。語氣比平時還要溫柔一點，但仍帶著不容拒絕的霸氣。

她一時怔住，連呼吸都輕了下來。戒指的鑽石在燈光下閃著璀璨的光澤，就像是他們這些年來的記憶，一點一滴，沉澱在心底。

但，陳利昂並沒有立刻將戒指套上她的指尖。他沒有演出那種電視劇式的浪漫橋段，而是慢慢說出了他的想法。

「結婚後，我希望妳辭掉工作，專心在家裡照顧我們的生活。我可以負擔一切開銷，妳完全不用煩惱錢的事情。」

他說這些話的時候很平靜，眼神裡沒有絲毫遲疑，甚至還帶著些許自信，彷彿這是最自然不過的安排。

他接著補充：「我爸媽也覺得我們交往這麼多年了，該有個結果了。他們希望我們可以在今年結婚。」

沈芮緹低下頭，看著自己盤子裡未動的提拉米蘇，心裡泛起一股難以言喻的情緒。

結婚？交往這麼久了，似乎走到這一步是必然的。然而，沈芮緹心裡卻泛起一絲不安。她低頭，緩緩撫過桌上的餐巾，思緒在他求婚後飄遠。

在陳利昂的眼中，結婚並成為全職家庭主婦似乎是理所當然的事情。然而，對沈芮緹來說，這意味著放棄她自己的事業和獨立性。陳利昂的提議讓沈芮緹感到極度的矛盾和壓力。

陳利昂的條件無可挑剔，雖然有些大男人主義，但對她的關愛也絲毫不含糊。那幾年他在國外留學，她依然記得，他擔心她因為經濟壓力需要打工，特意留下一筆錢和一張副卡。

雖然沈芮緹極為自尊，從未動過那筆錢，也沒有用過那張卡，但每當回想起那些日子，她心中便會湧上一陣溫暖。

然而，這樣的情感依賴和照顧，卻慢慢地讓她感到一股難以言喻的壓力。她不確定，是不是真的準備好和陳利昂過一輩子。

尤其是，想到陳利昂母親曾經說過的那番話，她心中的恐懼感便愈加強烈。

「結婚後，妳就不需要再工作了，生孩子才是最重要的，最好多生幾個。」陳媽媽的手輕輕搭在她的手背上，眼神裡帶著些微的慈愛，但不容拒絕的語氣，卻讓沈芮緹感到一股難以言喻的壓迫。

「畢竟我們家利昂是獨子。妳上班賺的也不多，不如在家好好照顧家庭。如果妳真想做些事，我可以幫妳開個精品店，讓妳打發時間，賺不賺錢都無所謂。」

「那我不就成了母豬？」沈芮緹想，心裡泛起了一股難以壓抑的不適。

她強忍住心頭的反感，卻無法抑制那種對婚姻的恐懼感。她知道自己這樣的想法有些過激，但她無法否認，這樣的未來讓她感到一種強烈的壓迫感，彷彿自己將被永遠地固定在某個角色中，無法再自由呼吸。

腦海中有一個未來的畫面浮現出來。那是一個與陳利昂結婚後的家庭生活：她可能會放棄工作，變成一個全職的家庭主婦，陪伴孩子，照顧家庭。這樣的生活並非不好，但她知道這不是她所渴望的未來。

她有很多事情想做，渴望在職場上持續挑戰自我，並享受那份來自工作的成就感。尤其是最近，她感受到公司對她的重用，這讓她更加確信自己正走在正確的道路上。

「煩，真的好煩。」沈芮緹又喝了一口酒，隨即，她想起了今天下午陳艾咪告訴她的消息。

「Peter希望妳參加總公司每年的young talent（種子人才）培訓計畫，妳和家人商量一下。」今天下午艾咪告訴她這個消息。

Peter是這家企管顧問公司的臺灣區總經理。

「妳知道這是極好的機會，公司在全球三十多個國家設有分公司，每年只有十個人能夠入選。而Peter就是臺灣上次入選的培訓者，這已經是七年前的事了。」或許，是察覺沈芮緹的遲疑，陳艾咪提醒她。

「能被挑選上，代表未來接集團大位的機會很大，這是一次千載難逢的機會，妳一定要好好把握。」

較熟的同事都清楚她和陳利昂的情況，以及陳利昂家裡的態度。陳艾咪不希望她為了感情放棄這個大好的機會。

沈芮緹心裡清楚，這樣的機會，並非每個人都能遇到。

整整一年的總部及全球各分部的輪調與訓練，將會讓她接觸到來自這家知名跨國集團各地的資深領袖。這樣的經歷不僅能讓她提升視野，也能成為她未來的職業生涯中極大的助力。

臺灣區總經理、大中華區總裁，甚至是總部執行長，都曾經參與過這個培訓計畫。而一旦成功入選，她將會有極大的機會成為集團決策層的一員，走入企業的決策核心。

今天，陳利昂給了她沉重的壓力，甚至在沒有和她商量的情況下，就決定了提親的日子。

他告訴她，他的父母已經挑好了日子，下個月的某個黃道吉日，會去臺中，跟她的父母提親。

面對陳利昂的「逼婚」，沈芮緹覺得自己快無法呼吸了。她不知道該如何拒絕他的提議，因為她不想失去這段關係。但同時，她也不想犧牲自己的價值觀和夢想。她好想逃。

在陳利昂送她回家後，她始終不能擺脫這種難以名狀的壓力，最終決定一個人走進夜色中，去找尋一絲能讓自己短暫放空的安慰。

她獨自來到住家附近的酒吧，讓酒精暫時麻痺自己的情緒。她需要一點時間來理清自己的思緒，來決定該如何面對這一切。

酒精的效應很快顯現，她的頭開始有些昏沉，但心中的問題卻一直沒有獲得解答：要不要放棄這份事業，選擇以家庭為主，還是勇敢地去追尋自己的夢想？

沈芮緹知道自己已經有些醉了。她不禁想起了閨蜜黃小米，想到如果她在這裡該有多好。

　　沈芮緹將最後一口長島冰茶喝完，結完帳後，她搖搖晃晃地走向門口，心裡想著，應該找小米一起來喝的⋯⋯

Chapter 1

妳,到底是誰呢?

房間裡陌生的老婦人

　　沈芮緹被晨曦的光芒喚醒,陽光透過窗紗輕輕灑進來,照亮了她的床鋪。此時,她覺得自己的頭像是被重重的錘子擊中,痛得無法忍受,宿醉的不適感讓她渾身不舒服。

　　幸好今天是週末,她微微皺眉,理直氣壯地將自己埋進了被窩裡,嘗試著再多休息一會。然而,心頭有一股揮之不去的不安。回憶中,昨晚那些零亂的片段,讓她不禁皺起眉頭。

　　她是怎麼回到家的呢?她只依稀記得昨晚在酒吧門口,被一個外國人死皮賴臉的糾纏,她心驚膽顫,慌亂的在自己身上東摸西摸。還好,她的衣服安安穩穩的穿在身上,她應該沒跟那個外國人怎麼樣吧?

她深吸一口氣，心頭的慌亂稍稍平息，她自言自語：「真是太可怕了，幸好沒發生什麼事。下次可不能這麼喝了。」

就在她微微放鬆下來時，一陣清新的伯爵紅茶香氣輕輕飄來。那是她前陣子才買來的「MARIAGE FRÈRES」法式藍伯爵茶的味道，她最喜歡的一款紅茶。

「醒了啊？」

就在沈芮緹思索這股熟悉香氣的來源時，突然傳來一個陌生的聲音，聲音低沉而帶著一絲溫柔，卻又讓她不由自主地感到一陣寒意。

她看向房間的門口，瞬間被驚嚇得完全清醒過來。

一個年紀大約六十多歲的老婦人，正手拿著托盤緩步走到她面前，臉上掛著溫和的微笑。

沈芮緹感覺到強烈的不安，內心掙扎著，語氣有些急促地問道：「妳是誰？妳怎麼會在我家？妳要幹什麼？」

她下意識地伸手拿起床頭櫃上的手機，準備撥打報警電話。太可怕了，怎麼會有一個陌生的老婦人在家裡？

這一刻，內心的恐懼像是洪水般湧上來。她心裡百思不得其解：這人是怎麼進來的？

「噯！噯！別緊張，我不是壞人。」老婦人見沈芮緹的反應似乎是要報警，連忙制止她，她的語氣並不急躁，反而帶著安撫的意味：「妳忘了昨天是我在酒吧幫妳解圍的嗎？妳被那個外國人纏住了。」

說完，她轉身將托盤輕輕放在小茶几上。沈芮緹這才注意到，托盤上的茶杯裡已經倒入了半杯溫熱的牛奶。老婦人隨後拿起壺，將熱茶倒入杯中，隨後放入了兩塊砂糖，用小湯匙輕輕攪拌著。最後，她端著這杯熱騰騰的奶茶，輕輕遞到沈芮緹的面前。

那是沈芮緹最喜愛的英式奶茶，她愣愣地盯著眼前的奶茶，卻遲遲沒有伸手去接。

這位老婦人怎麼會知道她每次宿醉醒來後，總是渴望著一杯熱伯爵奶茶？她泡奶茶的方式，居然與自己如出一轍。

這是她的租屋處，沈芮緹卻被一股奇異的感覺包圍著。

「昨天那個阿兜仔帶著妳走出酒吧，被我攔住了。」老婦人微笑著，眼中閃爍著些許調皮的光芒，「我跟他說，我是妳的阿媽。」

「他一開始還跟我爭辯說他是妳的男朋友，還好附近剛好有警察覺得有些不對，走過來關心，那個阿兜仔才死心。」她輕輕一笑，眉宇間透露出一些釋然的意味。「走時他還狠狠

地瞪了我一眼。」

說完,她拉起沈芮緹的手,將那杯溫暖的奶茶遞到她手中。

「喝吧!這會讓妳覺得舒服一些。」

沈芮緹瞪大了眼睛,靜靜地看著這位老婦人。她的眼睛清澈且深邃,儘管眼角已有細微的皺紋,那雙眼睛卻散發著智慧的光芒。她的穿著簡約而不失品味,一襲剪裁合身的長外套,搭配一條典雅的絲巾,色調低調沉穩,不張揚卻有著優雅與獨特的味道。

沈芮緹下意識地覺得,這位老婦人可能是一位學者。不知為何,沈芮緹的心中忽然泛起一股熟悉的感覺,彷彿曾在哪裡見過這張臉。

她強迫自己冷靜下來,回想著昨晚的情況,但頭痛的感覺讓她無法集中注意力。她握住奶茶的手微微顫抖,卻無法忽視那份溫暖。

「謝謝您幫我解圍。」沈芮緹輕聲道,心中仍是疑惑不已。「不過,您到底是誰?怎麼會知道我家門鎖的密碼?」

雖然直覺告訴她,這位老婦人並不是壞人,但她依然無法完全放下心中的疑慮。

老婦人輕輕側過身,坐在床邊,溫和的目光落在沈芮緹身上。她的語氣有些猶豫,似乎在掙扎著該如何開口:「或許妳覺得很不可思議,或是荒誕奇怪,甚至可能會忍不住笑出來。我希望妳不要太驚訝。」她停頓了一下,深吸一口氣,眼神中掠過一絲微妙的不安,彷彿是被某種難言的情緒所牽引。「我就是妳,四十年後的妳。」

　　沈芮緹瞪大了眼睛,完全無法相信自己聽到的話,整個人僵住了,彷彿時間也在此刻靜止。

　　「妳……是我?四十年後的我?」她的語氣中充滿了困惑、不解,甚至有些不屑。

　　「老奶奶,不要開玩笑了?穿越這種事,早就過時了。」她自嘲地想,或許這是老人家的幻想。

　　老婦人輕輕一笑,眼底溢出的是一種無言的耐心和溫柔,彷彿她早就預見到沈芮緹的反應,那微笑中沒有絲毫的急切。

　　「我知道妳會覺得難以置信,甚至可能覺得這不過是我的妄想。但這並不是穿越,也不是幻想,而是基於一種叫做『平行時空理論』的概念。」她的聲音柔和又平靜。

　　沈芮緹皺了皺眉,心中仍然充滿了疑惑。她微微搖頭,語氣中帶著一絲無奈與不解:「平行時空?」

老婦人看著她，眼神中透出深邃的智慧，緩緩地解釋：「妳可以把時間想像成無數條並行的線，每一條線上，都是一個不同的故事。也就是說，時間並不是單一的，而是同時存在於多個層面上。每一次選擇，每一次行動，無論大小，會在不同的時間線上創造出不同的未來。或許妳覺得這聽起來像科幻小說，不過，我的確來自於未來某個時間軸。」

沈芮緹的心跳微微加快，這些話語在她的耳邊迴響，猶如一股難以名狀的力量，正在撼動她固守的現實世界。

她低下頭，輕輕搖了搖頭，似乎在努力消化這些過於荒誕的話語。

「這些話……太難相信了。」她喃喃自語，語氣有些疲憊：「平行時空？未來的我？這真的是現實嗎？這是不是某種的宿醉後遺症啊？」

老婦人沉默了片刻，然後輕輕地將手放在沈芮緹的肩膀上，彷彿給予她一種無形的安慰。她的手掌溫暖而穩定，像是時間的流淌，默默訴說著某種力量，讓沈芮緹的心慢慢地平靜了下來。

「我知道，這一切聽起來難以理解，甚至讓人感到不安。」老婦人的語氣變得更加柔和，她輕輕一笑，接著說：「但是，我來這裡，是希望能幫助妳做出一些更好的選擇。」

她微微停頓，眼神中閃過一絲期待。

沈芮緹語氣帶著些許困惑：「妳是說，現在的我，可能正在經歷一個時間線，而在經歷過無數次的選擇後，四十年後在不同的時間線上，會出現一個妳，那便是四十年後的某一個我？」

老婦人輕輕點頭，眼神充滿了溫和與耐心，彷彿已經預見到沈芮緹的困惑，語氣愈發柔和：「正是如此。每一個微小的選擇，都在塑造一個新的未來。我的存在，不是來自妳的記憶，也不是妳所經歷過的某個時刻，而是來自一條與妳的時間線平行的時空。我來自那條時間線，因為妳走過了不同的路，做過不同的選擇，最終有個未來的我的存在。」

沈芮緹愣住了，腦海中仍舊是一片混沌。她試著繼續理解這一切，但心中依然充滿了疑問：「那妳為什麼會來這裡？為什麼是我？我……我並沒有做過什麼特別的選擇，沒有做出過什麼重大改變啊！」

沈芮緹突然想起總部的young talent培訓計畫，以及陳利昂的求婚。莫非是因為她來到了人生中某個重要的抉擇關卡？

老婦人輕輕嘆了口氣，眼中掠過一絲深遠的回憶，她似乎在追溯那些遠去的過往。她的聲音變得低沉而穩定：「每

條時間線的未來，都擁有無數的可能性。它們在某些時刻會交錯、碰撞，甚至會出現一些不可預見的變化。我來，是為了提醒妳一些事，幫助妳在面臨人生重大抉擇時，做出更好的選擇。」

她的眼神深邃，如同穿越了時光的迷霧，直直地注視著沈芮緹。那眼神裡帶著一種不言而喻的深意，似乎能穿透她的靈魂。

沈芮緹的心跳不由自主地加快，身體微微顫抖，語氣中帶著明顯的不安：「我不知道該不該相信妳的話？妳說的這些……聽起來就像是電影裡的情節，根本無法想像。」

她的理智告訴她這是一場錯覺，或許是某種玩笑。她覺得自己應該報警。

「我真的是妳，從未來而來。」老婦人的聲音仍是那樣穩定，帶著一種難以言喻的沉靜。她坐得近了些，伸手輕輕拉住沈芮緹的手，語氣帶著一絲無奈和堅定：「但我不能待太久，我只剩下幾小時的時間。」她輕輕地嘆了口氣，彷彿在回憶某些過去的事，眼中閃過一抹幽深的光芒。「我知道這一切對妳來說太不可思議了，就像當初的我遇見未來的我一樣，一切都難以接受。」

這是一次極為奇異的相遇，難以解釋的現象將會悄然改

Chapter 1 妳，到底是誰呢？　39

變她的生活,只是這時的沈芮緹還不知道她的人生將出現極大的轉變。

老婦人微微一笑,眼中閃過一絲溫柔的光芒,語氣輕柔而平靜:「或許,你可以把這件事當作人生中的一次奇遇。對你來說,花點時間聽聽一個年長者的建議,未必會有太大的損失。也許,還能從中獲得一點啟發。」她的話語彷彿帶著一股安撫的力量,讓沈芮緹感到一絲不明的安慰。

看沈芮緹仍然處於迷茫的呆萌狀態,眼神中帶著幾分無措,老婦人決定說些事情,來增加自己來歷的可信度。

「讓我告訴妳一些事情吧。」她的語氣輕鬆,自然,帶著一絲懷舊的味道。「我不太擅長記密碼,後來習慣用我和陳利昂認識的那天日期作為密碼。這樣,我不會忘。所以,我知道這房子的大門密碼。」她輕聲說著,語氣中透著一些溫暖的懷念。

隨後,她又繼續說道:「每天早上,我總是習慣先喝一杯熱美式,這樣能清理腸胃,提振精神;喝酒的隔天,一定要喝一杯熱伯爵奶茶,我覺得這樣才能解酒養胃。為了保持身材,週末的時候,我會遵守一個原則,除非有特別的約會,不然每天只有一頓不含醣的早午餐。」

她的話語輕描淡寫,聽起來就像是日常生活中不經意的

片段,彷彿在說一件再普通不過的事情。

沈芮緹聽著這些話,心中訝異老婦人這麼清楚她的生活小習慣。

「還記得大學時,國際企業管理的副教授總是找各種理由邀請我去他辦公室。有一次,他甚至突然由身後熊抱了我。」老婦人的語氣變得有些低沉,隨後沉默了一會兒,好像在思考著那些過去的記憶。

「那時候,另一位助教恰巧來了辦公室,才讓我有機會脫身。但我太害怕了。我害怕被當成麻煩學生,害怕陳利昂知道,所以我選擇了沉默,什麼也沒說,連小米,我也沒有提過。」她的語調逐漸轉為低沉,像是回憶起那些不願提及的往事。

沈芮緹的心跳瞬間加速,眼前的老婦人突然變得那麼真實。

那件在大學時發生的事,直到今天,她都未曾告訴過任何人。那件事帶來的恐懼,只有她自己知道。

「我⋯⋯我記得。」沈芮緹低聲說道,語氣顯得有些遲疑,她的眼神彷彿隨著記憶的波動而變得模糊,「那件事,我也從未告訴過任何人。那是一段埋藏在我心底不願去觸碰的一個祕密。」

沈芮緹的眼眶微紅，突然間，她感覺自己與眼前的老婦人，悄然產生了某種無形的聯繫。

那分未曾說出口的痛，突然之間變得那麼真實，讓她無法再保持冷靜。

「所以……妳真的是我？四十年後的我？」沈芮緹深吸一口氣，原本心中的驚慌懷疑及害怕，被一種同病相憐的理解所取代。此刻，她願意相信老婦人是未來的自己。

老婦人微微一笑道：「我說了這些，妳應該也是能相信我就是妳了。我來到這裡，是為了給妳一些忠告及提醒。」

沈芮緹默默坐著，雖然心中仍有一些疑問，但是，無論真實與否，她開始對這個「未來的自己」產生好奇。

如果這位老婦人真的是四十年後的自己，那她究竟經歷了什麼？她如何能夠回到現在，告訴自己這些話？如果這一切是真的，那麼四十年後的世界，科技將發展到何種程度？

沈芮緹望著眼前的老婦人。她那雙充滿歲月痕跡的眼睛，卻透出一股無比堅定和誠摯的神情。那是一種只有經歷過人生洗禮，才能擁有的眼神。

「就當作是週末清晨的故事吧。」沈芮緹安慰自己，試圖將這些奇異的感受放在一邊。

「好吧。」沈芮緹深深吸一口氣,將手中的茶杯放到床頭上,看著四十歲後的自己:「請告訴我妳想要告訴我的。」

Chapter 2

我說，我是經濟獨立的女性

妳真的負擔得起現在的生活嗎？

「妳有想過『退休』這件事情嗎？」老婦人問道，然後頓了一下，看著沈芮緹，語氣不緊不慢地補充道：「又或者，妳有沒有想過，希望什麼時候退休？還是有為『退休』這件事做過什麼準備？」

「退休？」沈芮緹微微皺起眉頭，眼神中閃過一絲困惑與不解，彷彿這個詞彙與她的生活全然無關。

「我才不到三十歲，現在對我來說，更重要的是什麼時候能加薪、升職。那些才是我眼下關心的事。」她的聲音裡帶著些微的自嘲，頓了一下，又輕輕補了一句：「說真的，我還真的從沒仔細想過什麼是退休……太遙遠了。」

她低下頭，看著自己指尖無意識地轉動茶杯的動作，聲

音略微放緩:「不過嘛……有時倒是會想,什麼時候才能財富自由。」

雖然陳利恩的家世顯赫,但沈芮緹自問並沒有想貪他家的富貴,她心裡一直認為,自己從來不是依附別人而活的人。經濟上的獨立,是她給自己的最低底線。這分自以為是的堅持,無聲地在她的眼神裡閃爍著。

老婦人靜靜聽著,並不急著回話。她只是輕輕地問:「那麼,妳為什麼從來沒有去思考過退休這件事情呢?」

這句話像是石子投入湖心,雖不重,卻激起心底一圈圈漣漪。沈芮緹沉默了一會兒,像是被什麼給觸動了,但一時之間,卻找不到適當的詞彙來回應。

過了片刻,她才輕聲開口:「大概是……我沒有辦法對退休後的我產生進一步的想像,我無法想像那個時候的自己吧。」

她的眼神飄向窗外,天光正淡,空氣中微微浮動著夏天的氣息,像是什麼正在悄然萌芽。

她轉過頭,望著眼前的老婦人,語氣緩慢卻堅定地說道:「雖然妳說,妳是四十年後的我……但老實說,妳對我而言,還是太陌生了。」

說到這裡，她停了下來，視線落在老婦人深邃的眼眸中，那裡有某種她說不出的熟悉感，卻也同時讓她感到距離遙遠。

「對，就是陌生。」她重複著這句話，彷彿要強調什麼。

房間內一時陷入靜謐，只聽見窗外偶而傳來車輛行駛而過的聲音，彷彿在那徘徊等待著什麼答案即將被揭曉。

「妳說得沒錯。」老婦人微微點頭，像是在靜靜回應一個早已知道的事實。「未來的自己，對現在的我們來說，也許真的就只是個陌生人罷了。」

「陌生人……？」沈芮緹低聲呢喃，一時之間，無法理解這話語背後的含意。

老婦人緩緩將茶杯放回桌上，目光像是穿越了漫長歲月，望著她說道：「國外曾有一項研究，讓參與者接受腦部掃描的同時，依序想像四種人：（一）今天的自己、（二）今天遇到的某個陌生人、（三）這個陌生人十年後的樣子、（四）十年後的自己。妳知道嗎？當人們想著今天的自己時，大腦裡某個區域會明亮起來。但當想著陌生人，或是十年後的自己時，腦部發光的程度就會黯淡許多。對大腦而言，未來的自己就像與我們毫無關係的陌生人一樣。心理學上，人們是不太能夠認出未來的自己。」

她停頓了一下，像是在等沈芮緹的思緒慢慢跟上。

「其實，關於『未來的自己』這個議題，最早可以追溯到十八世紀的哲學家喬瑟夫‧巴特勒（Joseph Butler）。他在1736年曾經提出：「如果我們的大腦認為，現在的自己和未來的自己是不同的人，那麼現在的自己對未來的自己將發生什麼事，都不會感到興趣，就像對一個陌生人一樣冷淡無感。」

沈芮緹聽著，心中浮現一種莫名的荒涼感。她從沒想過，原來自己與「未來的我」之間的距離，竟是如此遙遠，如此陌生。

「這樣的說法，引起了現代心理學家的關注。」老婦人繼續說道：「加州大學洛杉磯分校（UCLA）心理學教授赫什菲爾德（Hal Hershfield）提出，或許正是因為我們與未來的自己缺乏連結感，人們才會做出許多非理性的決定，例如：從不為退休生活做準備，或對老年生活毫無想像。」

老婦人放下手中的茶杯，目光溫和地看著沈芮緹。

「不過，今天我來找妳，並不只是為了談什麼退休金這事情而已。」

她伸出手，指尖輕撫過茶杯的邊緣，聲音柔和而緩慢，如同初夏午後的陽光。

「我是過來人,很明白:在妳這樣的年紀,未來對妳而言是模糊的,要妳為那樣的自己努力,確實太過奢求。」

她頓了一下,眼神卻變得溫柔又堅定。

「不過,我希望妳能花時間去思考:妳想擁有怎樣的未來?想過怎樣的生活?最終,妳想成為一個怎樣的人?」

沈芮緹愣了一下,她確實不常去想這些問題,她正被眼前的煩惱壓得喘不過氣來,未來⋯⋯真的太遠了。

陽光透過薄紗窗簾輕輕灑進沈芮緹的房間,為屋內的木質地板鍍上一層溫暖的金色光輝,彷彿時間在這一刻慢了下來。

坐在床上的沈芮緹,雙手環抱著雙腳,眼神略帶迷惘地望著坐在她對面的老婦人。

對方的舉手投足間透露著歲月沉澱後的從容與智慧,像是經歷了千帆之後的安然,甚至連端起茶杯的動作,也透著歲月沉澱過的柔和光澤。

紅茶與牛奶的淡淡香氣瀰漫在空氣中,茶杯上的熱氣輕輕盤旋而上,與室內寧靜的氛圍交織成一幅和諧的畫面。

然而沈芮緹的內心,卻並不像這氛圍一樣平靜。一種不安,像被風吹起的薄塵,在心底輕輕旋轉。

老婦人輕輕抿了一口茶，放下茶杯，她抬眼望向沈芮緹，語氣溫柔而平靜，卻也帶著一絲不容忽視的篤定……

「陳利昂，向妳求婚了吧？」

這句話，像是一顆石子忽然投入沈芮緹心湖深處，激起一圈圈無法平息的漣漪。她猛地怔了一下，然後不自覺地收緊了手指，指尖扣在膝蓋上，指節微微發白。她沒有立刻回答。只是垂下眼簾，嘴角彷彿想掩飾什麼般抿成一道幾不可察的弧線。

是的。那是一個她遲遲無法給出答覆的問題。比起人生的想像、許多年後的退休，她現在要面對的，是眼前這個決定：足以改變一生方向的選擇。

只是，為什麼老婦人突然轉換到這個話題？

「……是啊。」她低聲回答，既誠實又帶著逃避的聲音。

她沒有抬頭，只是靜靜地望著茶杯上的蒸氣，一如望著那不曾對她說明白的未來。

「……妳其實並不想結婚吧？」老婦人的聲音很輕，如茶香在空氣中繞了一圈，又輕盈地落回茶杯中。

沈芮緹低下頭，睫毛在光影間微微顫動。她沉默了一會兒，沒有掩飾，也無法再逃避。

「⋯⋯不想。」她幾乎是喃喃地說出口。

接著,彷彿擔心自己的話太過冷酷,她又補上一句:「但我對他是有感情的。」

語氣中多了些急促,像是擔憂自己的誠實會傷到誰,又像是對自己的矛盾感到難堪。

「只是⋯⋯一想到婚後可能面對的一切⋯⋯那些日常的重複、角色的轉變、自己的消失⋯⋯我既不甘心,也有些害怕。」

話語結束時,她的聲音低得像一片落葉輕輕掉在水面上,無聲地泛起一點點漣漪。

老婦人沒有立刻接話。她只是靜靜望著沈芮緹,溫柔的雙眼,帶著一抹難以言說的疼惜。

接著,她伸出手,輕輕覆在沈芮緹冰冷的指背上,那力道極輕,卻彷彿穿越了時間的掌心。

「⋯⋯我懂啊!」她輕輕說,嘴角浮出一抹恬淡的微笑,「別忘了,我是妳。那些讓妳遲疑的瞬間、無法言明的恐懼,我也都經歷過。」

她的言語中,透露出一種只有自己才能明白的安慰。不是從他人而來的同理,而是來自記憶深處的映照,如同在夢

中看見年輕時的自己,那些徬徨、那些未能說出口的心事,終於被誰理解了。

沈芮緹抬起頭,忽然問道——彷彿是某種本能,也或許是想知道,那條她尚未踏出的路,是否曾有人為她走過:「那⋯⋯妳最後,和陳利昂結婚了嗎?」

她的聲音很輕,像怕驚動什麼似的;其實不只是想知道答案,而是想知道,如果做出那樣選擇的人,現在過得好嗎?後悔嗎?

老婦人垂下眼,指尖在茶杯邊緣輕輕劃了一圈,沒有立刻回答。

過了一會兒,老婦人微微搖了搖頭,眼神越過窗櫺,靜靜地望向遠方。

外頭的天空清朗如洗,幾朵薄雲在藍天中悠悠飄浮,彷彿不曾急著去任何地方。她的語氣淡然,像是風輕輕吹過午後的湖面,掀起一層幾不可見的波紋。

「⋯⋯沒有呢!」她輕聲說。

沈芮緹沒有立刻反應,只是靜靜地看著她,像等一杯茶冷卻後,才能嚐出其中的微澀的滋味。

老婦人接著說:「那時的我,和現在的妳其實差不多。

對於未來感到迷惘，對愛情懷有眷戀，卻又對婚姻抱著遲疑與恐懼。」她微笑了一下，那笑容帶著一些遙遠的回憶，「我也曾想過，要不要試著走進那樣的生活……但最後，我選了一條不同的路。」

她輕輕放下手中的茶杯，杯底碰觸桌面，發出微弱的聲響，如同話語落地的尾音。

「我沒有嫁給他，也沒有嫁給任何人。二十八歲那年秋天，我辭掉工作，一個人去了倫敦，我決定出國讀研，去了英國，留在那兒做研究，並成為了一名大學教授。」

老婦人的語氣透著一種淡然的滿足。「我沒有結婚，但有一個相處得來的伴侶。我們彼此溫暖，也給予彼此自由。到現在，我仍記得那個冬天，他為我煮的一鍋義式蕃茄蔬菜湯，那是我到英國後，第一次感覺不是那麼孤單。」

她的聲音平靜中透著一絲懷念，不帶任何遺憾，而是一種淡淡的、經過時間沖刷後的圓融。

「我的人生，也許和妳原本以為的樣子不太一樣……但那一切，都是我自己選擇的。哪怕有時候覺得寂寞，也沒有後悔。」

沈芮緹愣住了，只覺得心裡某個角落慢慢鬆動了。她靜靜地低下頭，雙手抱膝，額頭輕靠著手臂，像是在傾聽，也

像是在回憶一段還未曾發生的故事。她從未想過，未來的自己可能會選擇這樣的道路。

「不過，這些對現在的妳而言並不重要。」

老婦人輕輕笑了一下，像是對自己說，也像是在輕撫一個尚未甦醒的夢。她的眼神不再只是過去的投影，而像一潭深水，在陽光底下閃著溫暖的光。

「我會來，並不是因為懷念，也不是因為後悔。」她頓了頓，低頭看著自己的雙手，像是那裡藏著什麼重要的東西。

「而是因為，我必須來。」

她抬起頭，語氣緩慢卻堅定：「在四十年前同一個夜晚，未來的我，也曾經來找過我，提醒了我一些事情。那些話，讓我過得踏實而無悔。我一直很感激那一夜的奇遇，所以今天，輪到我，把這個奇遇帶給妳。」

「生活中的每一個選擇，無論當時看起來多麼微不足道，最後都會在時間裡累積成某一個走向。」她低聲笑了笑，沒有遺憾，只有溫柔。

「有時我想，在平行時空中，存在著無數的我。在那些世界裡，每一個我因為不同的選擇，走著不一樣的路，寫著各自的故事。我希望，不論在哪一個時間線裡，那些『我』都

Chapter 2 我說，我是經濟獨立的女性

能過得幸福，也都懷著一樣溫柔的心活下去。」

說到這裡，老婦人輕輕地吸了口氣，像是讓那些記憶慢慢沉澱進體內。

沈芮緹靜靜地聽著，不知從哪裡開始，胸口忽然像被什麼碰了一下。那是一種說不上來的柔軟與酸楚交織的感覺。

她望著眼前的老婦人，那雙眼睛依然溫和，卻像能穿透時間，看見那些她還沒走到的日子。

「我想問一件事」，她小心翼翼地開口，聲音小得幾乎要被午後的風聲帶走，「我……我會和陳利昂分手嗎？」

問出口的那一瞬，她有點後悔，像是自己把一顆還沒熟透的果子硬摘下來。

雖然沈芮緹曾想過：也許她與陳利昂之間的關係，終將走到一個誰也無法挽回的岔路口。

但當這樣的結果，可能真真切切地從未來的自己口中說出時，心中卻不由自主地浮現出一種說不清的動搖。那不是震驚，也不是否認，而是一種深埋在胸口的、不安的顫抖。

她抬起眼，看著老婦人，像是在尋找什麼答案，但又怕聽見自己不想聽到的事。

「妳會不會和他分手……」她輕輕搖了搖頭，聲音像午後陽光下搖曳的風鈴聲，輕柔又不帶預設，「取自於妳的決定，我沒辦法告訴妳。」

　　老婦人的語氣裡沒有遺憾，也沒有警示，只有一種淡淡的體諒，就像站在岸邊，看著曾經的自己學習涉水而不出聲提醒。

　　沈芮緹低頭望著自己的雙手，指尖微微顫抖，像握不住什麼似的。她感覺到一種熟悉又陌生的情緒悄然湧上；是疑惑，是懷念，是害怕錯過什麼，又不知該如何抓住什麼。

　　她突然意識到，面前這位老婦人所說的每一句話，不是為了預言未來，而是為了讓她更清楚地凝視當下的自己。而那雙手，終究只能由她自己，去握住某些選擇、放開某些執念。

　　老婦人以一種既溫柔又略帶憐惜的目光凝視著她，像是在靜靜觀看一朵尚未完全綻放的花：「我記得那時，當過去的我找上我時，她給予我的忠告之一，便是誠實面對自己的感受，不要因為任何人的任何期待而勉強自己。」老婦人緩緩開口，聲音沉穩而帶著些許滄桑，目光移向窗外。

　　「她……的確過上了所謂上流社會的生活」，老婦人輕嘆一口氣，語調中有一絲難以言喻的寂寥。「物質生活中的每

一樣都無可挑剔，然而，在深夜裡獨處時，她的心中總是會浮現一些遺憾。」

她緩緩轉過頭來，再次凝視沈芮緹，那雙眼睛深邃如井，彷彿能照見她此刻所有的心思起伏。

「她希望我能過得比她更好。而如今，我也一樣，希望妳比我幸福。」

沈芮緹微微皺起眉頭，眼神有些游移，嘴唇動了動，卻沒能立刻開口。她的胸口像是被一陣細雨灑落，不冰冷，卻沁入心底。

她忍不住低聲問道：「妳……不快樂嗎？」

老婦人沉默了一會兒，微微笑：「沒有人可以一直很快樂，我只能說我覺得自己是很幸運的人，而且我很滿意自己目前的生活。」她的視線落在茶几上的杯子上，水面微微晃動，像是歲月留下的漣漪。

「未來，是由每一個日常的選擇、一點一滴慢慢堆疊而成的，對未來要有所規劃。永遠記得，無論是生活、健康、人際關係，乃至於財富，都需要時間的累積與經營。」

說到這裡，她頓了一下，像是想到什麼一樣，老婦人的眼神突然變得銳利而認真。

「對於現階段的妳⋯⋯」，她說得格外清晰，「尤其需要記住，不要亂花錢，要學會如何理財，這一點對於妳的未來至為重要。」

這些話讓沈芮緹微微睜大了眼，語氣裡有著下意識浮現的一絲抗拒：「存錢？我又沒亂花錢啊！」

她語速快了一些，像是急著為自己辯解，卻也同時暴露了心中的一絲不安與防衛。

沈芮緹覺得自己被誤解了。她並不是那種肆意揮霍的人，居住在生活成本極高的臺北，她自認在消費上已經很節制了。雖然，不可否認她蠻講究生活品質。

「賺錢，不就是為了讓生活過得好一點嗎？」她輕聲說，語氣雖平靜，語尾卻隱隱帶著堅定，雙手抱胸，像是在為自己辯護：「我不想為了省幾塊錢，讓自己每天都活得像在懲罰自己。」

她曾聽聞某些同事，為了繳房貸而過著極度克儉的日子：早餐不超過一百，午餐一百五，晚餐則回家自己煮。她無法理解這樣的生活方式。哪是過日子啊？簡直是自虐。

老婦人聽著，嘴角泛起一抹幾不可察的笑意。

「妳說的沒錯。」她語氣柔和，眼神卻格外深遠。「賺

錢，確實是為了讓自己過得更好。但⋯⋯」，她頓了頓，將茶杯輕輕放回桌面，那聲細響如一顆小石子投入心湖，激起一圈漣漪。

「什麼，才是真正的『更好』呢？」

沈芮緹不自覺地抿了抿唇，眼神閃過一絲猶疑，卻沒有立即回答。

老婦人輕輕嘆了口氣，眼神溫和而帶著一絲滄桑，似乎早就料到沈芮緹會有這樣反應。

「年輕的時候，我也和妳一樣，總覺得生活應該即時行樂。」老婦人的聲音低緩，像是輕輕訴說一段陳年往事。

「那時總想，錢，是老年人才需要擔心的事情。年輕不就是該好好體驗人生嗎？可直到後來我才明白，金錢的積累，並不只是為了將來的安全感，更是為了更多選擇的自由。」

她輕輕嘆了一口氣，語氣中帶著一抹理解與惋惜。

「可是，年輕的時候，誰會想到這麼多呢？而且，陳利昂又是個很重視生活品質的人，什麼都講求質感與品味。餐廳、衣著、旅行、節慶⋯⋯樣樣都不馬虎。和他交往久了，消費習慣自然也會受到影響，這是很正常的事。」

沈芮緹聽著，眉心微蹙，心中浮起一絲不快。她感到有

些被誤解了，像是對方將她貼上了什麼標籤。

「等一下！」她立刻反駁，語氣比自己預期的還要急促，「我從來沒有向陳利昂要過錢！」

她的聲音，在靜謐的空氣中顯得格外清晰，彷彿一滴墨落在潔白的宣紙上，漸漸暈開。

「我知道，妳從來沒有主動跟他開口要錢。」她微微頷首，語氣平靜。「但妳願不願意試著誠實地問自己一個問題呢？」她語氣溫和，卻帶著一種不容忽視的直白。

「妳現在的收入，真的足以支撐妳目前的生活水準嗎？」

這句話並不尖銳，卻像風鈴輕響，在空中留下一圈圈無聲的漣漪。

沈芮緹怔了一下，像是被什麼輕輕撞了一下神思。她原本想反駁，卻不知為何，話語在喉間停住了。她低下頭，望著自己交疊的手指，發現指尖微微發白，心裡突然湧上一種無以名狀的不安，這不是來自對方的質問，而是自己過去從未仔細正視過的現實。

一時之間，她竟說不出話來。內心深處，一絲說不清的動搖正在悄然擴散。她一向堅信自己並非依賴他人過活，對生活品質的追求是她的選擇，也是她對自我的一種肯定。

「妳的收入,真的足以支撐妳目前的生活水準嗎?」然而,當這個問題赤裸裸地擺在她面前時,像是一顆小石子投進了平靜的湖面,漣漪一圈圈地擴散,無聲卻擾亂了她自以為是的平靜。

她無法否認,陳利昂的確對她很好。那些高級的餐廳、設計師品牌的衣服、海外的假期與隱密奢華的度假酒店⋯⋯一開始她也曾猶豫過,但隨著時間流逝,那些選擇漸漸成為了「理所當然」。即便有些時候是她自己掏錢,她心中早已默默接受了那種「應該如此」的標準。

只是⋯⋯那真的是她原本的生活方式嗎?

如果有一天,這段關係不再,她是否還能一如往常,過著這樣的生活。

她想說服自己能夠,但心底某個角落的聲音卻悄悄地回應:「恐怕不能吧!」

老婦人並沒有打斷她的沉思,只是默默啜了一口茶,然後將茶杯輕輕放回桌上。瓷器輕觸木頭桌面的聲音,清脆,卻不突兀。

「其實⋯⋯」她終於開口,語氣像微風般柔和,卻又帶著些許的無奈,「我不是說妳依賴他,也不是在責怪妳。只是⋯⋯人都是會被習慣悄悄牽著走的。」

她看向沈芮緹，眼神平靜而深遠。「當生活水準一旦被習慣拉得太高，如果沒有足夠的收入去支撐，這樣的消費方式，終究會成為一種負擔，也會讓妳失去選擇的自由。」

沈芮緹沉默了。她低下頭，凝視著手中那杯尚有餘溫的奶茶，那微涼的暖意，似乎提醒著她，這一切都是真實存在的，而她無法迴避。

她腦海中緩緩浮現出認識陳利昂之前的日子。那時的自己，生活簡單卻安穩：喜歡在巷口的鹽酥雞攤前等待炸物出鍋的香氣，穿著百貨特賣的外套，在公車上打瞌睡，下課後立刻趕補習班或是回家吃晚餐。她不覺得那樣有什麼不好，反而很踏實，很自由。

後來，陳利昂出現了。他領她踏進了她從未想像的世界。第一次坐上商務艙、第一次吃進價位令她有些心虛的餐點、第一次穿上一件她一個月薪水才能買下的洋裝。起初她也會抗拒，會尷尬，但久而久之，她習慣了那種被精緻生活包圍的安逸。

她不是不懂節制，只是……人一旦嚐過甜美，再要回頭，真的那麼容易嗎？

這樣想著，她心底又泛起一陣細碎的不安。她十分清楚若是拒絕結婚，她與陳利昂繼續下去的機率可能不高，也意

味著她必須放棄這樣的生活方式。但若是為了維持這樣奢豪的生活而結婚,卻又和她對於職涯追求的渴望相抵觸。她矛盾極了。

老婦人看著她,語氣像午後緩緩飄落的雨絲,柔和卻帶著不容忽視的重量。

「我不是要妳否定過去,或是急著做出什麼改變。」她慢慢說道,視線投向窗外的陽光與窗檯上的植栽。「我只是想讓妳問問自己,這樣的生活方式,是出於真正的選擇,還是建立在某個假設之上?若有一天,那個假設不再成立⋯⋯妳,怎麼辦?」

沈芮緹的手指無意識地摩挲著杯緣,心緒像窗外微風中植栽的枝葉,被觸動,卻不知該向哪個方向傾斜。

她無法立刻給出答案。她不願承認,但某個深藏的地方,已悄悄鬆動,如冬雪底下初融的地面,乍看無恙,實則不穩。

窗外的光,從窗格斜灑而入,落在地板上、床邊、她的裙襬上。那是夏日清淺的顏色,很暖,似乎漸漸散開她內心的迷霧。她靜靜地吐出一口氣,幾不可聞,像是與自己和解,也像是一場無聲的告白。

她捧著茶杯,持續感受那一點點尚未消散的溫度,彷彿

抓住了一點什麼不願放手的東西。也許是習慣，也許是安全感，又或者，只是一種對未來的遲疑。

Chapter 3

寫下100個願望清單

如果什麼都不必顧慮，妳會選擇怎樣的人生？

「好吧……」

沈芮緹輕輕嘆了口氣，像是要把壓力胸口的不安給抒發出去。她勉強振作起來，將視線從窗外拉回到眼前的老婦人身上。

雖然才剛起床不久，但這場意料之外的對話以及宿醉的不適，讓她整個頭脹得難受。

她揉了揉太陽穴，苦笑著說：「我想，妳應該不會只是為了提醒我這些，就千辛萬苦地回到我這個時代吧？」

畢竟，時空旅行的機會難得。

沈芮緹直覺認為，如果老婦人真的是四十年後的她，而

且前來是希望她過得更好,就應該會給她一些更具體的建議。

她說這話的時候,眼神閃過一絲試探,也帶著一點倔強的希望。她不想承認自己內心的期盼:若真有人能指引她走過那條模糊不明的未來,那也未嘗不是一種幸運。

老婦人望著她,嘴角微微上揚,那是一種帶著欣慰的笑,像是對過去的自己保有一點寬容與驕傲。

「妳說得沒錯。我當然不會只為了說教而來。」

她頓了頓,像是在選擇更貼近的語句,然後緩緩地說:「其實,我剛才提到的『存錢,不要亂花』,那並不是目的,而只是手段。真正的重點,是要讓自己擁有更多的『選擇的自由』。不論是生活、健康、關係,還是金錢,這些看似不同的面向,其實都依賴同一個東西累積出來。那就是『時間』,這是比金錢還要重要的資產。」

沈芮緹微微一怔。她一直以來把時間當作成本,在時間與效率之間斤斤計較,卻從未真正將它視為資產。

老婦人繼續說道:「很多人會提到『長期主義』這個詞,但我覺得有一種更直白的說法:妳要相信時間的威力。只要是妳願意給某件事情足夠的時間,願意開始,願意堅持,願意等待,那些妳努力過的事,終將一一開花結果。這就像複

利，不只是金錢上的，更是妳生活中每一分的積累。」

老婦人語畢，房間陷入一陣安靜。

窗外有幾隻麻雀在陽臺上歡樂地跳動，似乎在享受新的一天的好天氣。

沈芮緹忽然覺得，自己應該為這場意外的對話留下些什麼。

輕輕掀開被子下床，她赤著腳走向桌邊，拿起筆記本和筆。旋即又回到床上，攤開手中的筆記本，快速地在一頁空白上寫上日期及一些摘要。筆尖劃過紙面，發出輕微而安定的聲響。

她抬頭望了一眼老婦人，那位聲稱來自未來的自己。

「首先，」接收到沈芮緹的目光，老婦人緩緩開口，聲音如窗外風鈴一樣輕柔卻清晰，「妳要先想清楚，妳真正想過的是什麼樣的生活。」

她微微頷首，語氣中不含強求，只是一種沉穩與引導。

「沒有目標的努力，是空洞的。就像用Google Maps一樣，當妳想去一間餐廳，必須先在地圖上標下它的位置，導航才能帶妳過去。即使妳還不確定想吃什麼，至少得先選個地區，再慢慢篩選餐廳。方向不明時，無論走得多快，也只

是在原地繞圈罷了。」

沈芮緹一邊聽，一邊輕輕點頭，這個道理簡單易懂。

老婦人接著說：「大部分人都知道設立目標對人生的重要性，每個人生階段也有一些普世認為應該達成的目標。」

老婦人說道，語氣中帶著溫暖的指引：「像是30歲前存到結婚基金、35歲前生小孩並準備育兒教育基金、40歲前買房、65歲前存夠退休金⋯⋯這些規劃聽起來很合理，也的確讓人覺得安心，也能讓生活看起來井然有序。」

沈芮緹停下筆，抬起頭看著她，眼中有著疑問。

這些目標很正常啊！有問題嗎？她心裡想。

「但是⋯⋯」老婦人微微一笑，語氣柔和卻富有力量，「這些真的是妳想要的人生目標嗎？或是別人期待妳配合達成的目標？」

沈芮緹怔住了，眉頭輕輕蹙起。

她一直以來似乎都是那樣努力地生活，順著別人說「應該」的軌道往前走，升學、就業、升遷，每一步都走得謹慎而穩當，從未偏離，卻也很少真正停下腳步問自己一句：這真的是我想要的嗎？

老婦人溫和地望著她,眼神像一潭不起波瀾的湖水,安靜而深邃。

「每個人都應該順從自己的內心,過自己真正想過的生活。」她語氣輕柔卻堅定地說道。「目標的確重要,但若它們不來自妳心中真正的渴望,而只是回應社會規範或是別人投射的期待,那麼,即使妳成功地達成目標,也可能感到空虛。」

沈芮緹輕輕嘆了一口氣,低頭翻著筆記本的頁面。她的筆在紙上滑過幾行文字,卻又停下來。

「可是……如果我還不知道自己真正想要的是什麼呢?」她喃喃地說完後,便陷入了沉默。

老婦人看著她不語。她知道,有些問題需要的不是立刻獲得解答,而是需要時間去思考。人生,從來就沒有標準答案。

她端起自己那一杯紅茶,發現茶湯已涼,便不急不緩地收拾好茶壺與杯子,托著小盤走向廚房,準備重新沖一壺茶。熱水煮沸的聲音,在靜謐的空氣中顯得格外清晰。

沈芮緹坐在床上,手指輕輕摳著筆記本的邊角。她的心思漸漸飄遠。

什麼樣的生活，才是我想要過的？什麼樣的人生，才是屬於我的？

這些問題，像微風拂過湖面，讓她內心的水面泛起一圈圈漣漪。

她想起那些朋友們在聚會中談笑風生，暢談未來，彷彿每個人對於自己的人生方向，都有著清晰無比的藍圖。買房、結婚、進修、創業⋯⋯每個人都說得頭頭是道，而她也總是微笑著附和。

她並非毫無夢想。只是那些念頭來得太快，去得也太匆匆。

像是去年年底，公司舉辦年度派對時，她看見行銷部門的 Lily 在舞臺上跳著一段充滿爆發力的 K-pop 舞蹈，身影閃耀得彷彿舞臺上只有她一人。那一刻，沈芮緹心中湧起一股強烈的渴望：「我也想跳舞。」

那分感動像流星一樣劃過心頭，燦爛卻短暫。

又或者是那次與日本客戶的會議結束後，因語言不夠流利而感到挫敗。她一度告訴自己要學好日語，甚至買了線上課程，但熱情漸漸冷卻後，她卻連第一堂課都未曾點閱過。

這些「想做的事」能輕易地點燃她的熱情，但卻總是轉

瞬即逝,當激情冷卻,計畫也就隨之擱置。

她不是沒有夢想,只是她不確定:那些渴望,是不是只是瞬間的衝動,而非真正值得投入一生的目標?

然而,也不是所有夢想都這樣飄忽。她確實努力多年,只為希望能有機會入選總部的 young talent 培訓計畫。如今如願以償,她卻感到前所未有的迷惘:獲選的喜悅,怎麼沒有如預期般地令她狂喜?

「這真的是我想要的嗎?」她心底靜靜問著。

「我心中有許多渴望與想法,」她望著自己的筆記本,一頁又一頁空白的頁面像映照著她此刻的內心。「但我並不確定,這些,是不是我真正想追求的……」她喃喃自語。

她轉頭望向廚房方向,茶香再次瀰漫於空氣中,淡淡的,溫柔地包圍著她。或許,眼前的這位「未來的我」能帶來一些答案吧。

此時,老婦人端著沖好的紅茶走回房內,將托盤放在桌上,倒入兩杯熱茶,並在沈芮緹的茶杯中放入兩顆方糖,而自己則未添加。顯然,人的習慣會隨著時間改變。

老婦人緩緩地攪動著手中的茶湯,眼神帶著歲月沉澱出的智慧。她看了一眼攤在沈芮緹腿上的筆記本,問道:「妳

有答案了嗎？」

「請問，我要如何才能夠確定什麼是我真正想要的生活呢？」沈芮緹嘆了口氣，眉頭微蹙：「我心中有太多想做的事，但最後，好像什麼都沒做到。」

老婦人微微頷首，示意她繼續說下去。

「我也知道需要設定目標才有辦法走下一步。我一直以為自己是很有想法，很有目標，但仔細一想，發現自己想要的很多，但卻不知道應該如何定下目標。」

老婦人露出一抹微笑，像是早已聽過千萬次這樣的煩惱。

「這樣的感覺，其實很自然啊。」她緩緩說道：「人腦是很忙碌的，甚至可以說是過勞的。」

她放下茶杯，回想曾經讀過的幾則研究結果：「康乃爾大學在2007年做過一項研究，成年人每天大約要做出 35,000 個決定，光是關於食物的選擇就有226個。」

沈芮緹愣了一下：「每天35,000個決定？」

「是啊，從簡單的『早餐吃什麼』，到複雜的『該不該換工作』，我們的大腦一直在高速運轉。哈佛大學2005年的研究也顯示，人腦每天會產生約60,000到70,000個念頭，但

是，其中大多數都是無意識的、重複的、短暫的。」

沈芮緹緊握筆，若有所思：「難怪我的腦袋總是停不下來，卻又覺得真正有價值的想法很少。」

老婦人點點頭：「妳每天要做35,000個決策，但真正屬於『深度思考』的決策與分析，可能只有10到50次，而真正的深度思考時間，大約只有2到4小時。」

她思考了一會兒，然後繼續：「美國心理學家Wilhelm Hofmann（威廉‧霍夫曼）在2012年的研究發現，人每天平均會產生約3,500到5,000個想法，其中真正屬於『想要』的，大約只有200到300個，這些欲望涉及生理需求、社交需求、工作學習、娛樂休閒等層面。」

沈芮緹歪著頭思索：「所以，每天真正有價值的欲望也有幾百個？」

「沒錯，但問題在於，這些欲望中，真正會被執行的只有30％。」老婦人輕輕敲了敲桌面。「大部分的想法，會因為時間、社會規範或意志力不足，而被放棄。」

沈芮緹沉默了一會兒，低下頭，看著筆記本上的空白頁面，內心隱隱有些觸動，寫下了一些關鍵數字及重點。然後，她抬起頭，輕聲問道：「那麼……我該如何在這麼多的想法中去釐清什麼才是我的目標？」

老婦人放下茶杯，杯底與瓷盤輕輕碰觸，發出一聲微弱的清響。她的嘴角浮起一抹柔和的笑意，語氣平靜而堅定：「關鍵在於聚焦，也就是找出屬於『妳的』目標。」

說到這裡，她微微往前傾身，像是要將某個珍藏許久的祕密輕輕交付給眼前這位迷惘的年輕女子。「最簡單的方式，就是列出一百件妳心中真正想做的事。」

「一百件？」沈芮緹驚訝地瞪大眼睛，覺得這個數字未免也太龐大了。

「一開始會覺得很多，這很正常啊。」老婦人輕輕點頭，語氣中沒有一絲催促。「但妳會發現，真正把自己內心打開之後，一百件其實遠遠不夠。」

「可是……萬一那些夢想太不切實際呢？有些甚至連我自己都覺得不太可能實現。」沈芮緹的聲音放得很輕，像是怕驚動了什麼藏在內心深處的東西。

老婦人輕笑了一下，眼神微微泛起亮光，那是一種經歷過漫長時光之後才會出現的溫柔光芒。「所以它才叫夢想清單啊！寫這個清單時，先不要去質疑或否定自己的想法。不管內容多麼的天方夜譚，妳都應該讓自己自由發揮。」

老婦人看向窗外片刻，像是追憶什麼。她輕笑了一聲，

眼中閃過一抹回憶的光芒,「我當初寫這份清單時,還寫下了『發行一張個人音樂專輯』呢!」

「哇!那妳真的有做到嗎?」沈芮緹眨了眨眼,忍不住問道。

她想起自己,雖然沒有歌唱天賦,但每次在KTV總是唱得不亦樂乎。

老婦人笑著搖搖頭:「嚴格說並沒有,我花了時間去上課學發聲及音律,最終辦了一場小型個人演唱會和好朋友們同樂。但有沒有發行個人專輯並不重要,重要的是,這份清單讓我更清楚自己真正想要的是什麼,而其中的一些項目,我後來確實實現了。」

她停頓了一下,輕輕撫弄著茶杯。「自我探索從來不是件容易的事,人們在思考的過程中,往往會無意識地自我欺騙,或者將未來想像得過於美好與簡單。但無論如何,這段思考與梳理的過程,都是值得花費時間與精力的。」

「人的一生,說長不長,說短不短。」老婦人的語氣輕得像一片飄落的葉子,卻藏著某種不容忽視的沉穩。

「很多人總是活在今天,想著明天該是什麼模樣。」她的目光緩慢地落回眼前的茶杯,「他們相信,只要努力,目標終究會到來⋯⋯但卻鮮少去思考,該怎麼讓那個目標變得清

晰、具體，又該怎麼一步一步去靠近它。」

沈芮緹低下頭，指尖輕折著手中筆記本的一角，像是在撫平內心一圈又一圈的漣漪。過了片刻，她輕聲嘆氣。

「我覺得……好像什麼都不容易。」她的聲音幾乎要被風帶走。「我有渴望，可是信心總是不夠堅固。譬如，雖然我不懂投資，但有時我會覺得，我自己應該可以像一些人，能靠投資股票在短時間內賺到一大筆錢；但有時候又覺得，就算我再怎麼努力，這輩子也不可能存到足夠的錢，更別提什麼財富自由了。」

她說完這段話時，臉上沒有明顯的情緒，只是輕輕垂著眼，像是怕被誰聽見自己說出口的脆弱。

老婦人靜靜地聽著，沒有插話。她只是微微點頭，眼前的女孩，便是當年的自己，她十分清楚年輕時的自己的煩惱，其實也是大多數年輕人的心境。

老婦人望著茶湯中浮動的光影，思緒隨著熱氣一點一點地飄遠……

人，總是這樣。當下總在幻想未來：「等我怎樣怎樣，我就能……」於是時間慢慢過去，機會一個一個悄悄錯身而過。而理財這件事，更是充滿了兩極的情緒：有時盲目地相信自己能一夜致富，有時又深陷無力的悲觀，認定一生都無

法存下足夠的錢退休。

　　更常見的，是像沈芮緹這樣的年輕人，領著不差的薪水，過著舒適卻空洞的日子，口中常常感嘆：「我這輩子大概存不到第一桶金了吧。」一邊羨慕著那些有富爸爸的朋友，一邊卻毫無計畫地揮霍週末的每一個夜晚。

　　「所以啊……」老婦人終於開口，語氣溫柔卻堅定。「妳需要誠實地去面對內心真正的渴望。不是社會告訴妳該想要什麼，也不是別人擁有什麼，而是妳真正想要的是什麼？」

　　老婦人的手指輕輕點了點桌面，彷彿時間也跟著那節奏慢了下來。

　　「當妳開始著手寫下那一百個夢想時，心中可能會有很多雜音。妳會發現有些願望只是一時興起，比如買個名牌包，或是一場說走就走的旅行。但也有一些願望，會讓妳的心中響起，嗯，這個目標我願意為它持續不斷地努力。」

　　她停了一下，眼角帶著光。「這些就是屬於妳人生中真實的願望。妳不需要馬上達成目標，只要不斷抬頭望著它們，持續地往前走，走得再慢也會靠近。」

　　「所以，空出一段時間，找個可以靜下心的地方，讓自己獨處，並用紙筆寫下妳未來想做的一百件事情。」老婦人緩緩開口，聲音輕柔卻帶著不容忽視的堅定。

「想到什麼就寫,不需要考慮現實的可能性,也不需要急著分類或整理。」她輕輕搖了搖頭,「剛開始寫會很順利,前十個、二十個,這些大多都是妳平常心裡盤旋已久的渴望,比如旅行、換工作、學一樣新的技能⋯⋯」

「但寫到中途,妳可能就開始卡住了,腦袋會變得鈍鈍的,像是敲不出任何東西出來。」老婦人說著,輕輕笑了。

「不過,卡住是自然的。」她說,「不要害怕,妳要繼續想,繼續寫,不要停。真正深層的夢想,往往藏在妳平常不願碰觸、不敢思考的角落。也許是妳童年時的某個願望,也許是某個深夜悄悄在心裡出現過一次的念頭。它們不像熱門話題那麼顯眼,卻更貼近妳的靈魂。」

沈芮緹皺起眉頭,若有所思地看著筆記本,內心似乎有些東西正在慢慢浮現。

「記得一定要一氣呵成,排除任何干擾。」老婦人繼續說道:「不要被手機打斷,也不要被誰的訊息牽走思緒。等妳真的寫完,先放個幾天不要去碰。讓文字靜靜沉澱。」

「過幾天再回來看那一百個願望,妳會看到一些變化。某些一開始看起來熱情洋溢的夢想,過幾天再看也許就淡了。」她頓了頓,「但也有一些願望,讓妳持續渴望,那就是值得珍藏的部分。」

「接著，妳可以開始修改，分類。」她的語氣還是那麼溫和，像是午後的風，「妳會發現自己的夢想清單可以歸納成幾個主要範疇：人生的課題、健康、事業、財富、人際關係、休閒嗜好與學習成長。這時候，再進一步排列優先順序，妳會對自己的未來有更具象的概念。」

「當妳整理完一百個夢想清單，篩選、增減並分類後，未來的生活藍圖就會逐漸清晰。」老婦人不疾不徐地說。「接著，妳可以根據這份清單規劃短、中、長期的目標，思考需要哪些資源、能力，以及該如何達成、何時完成。」

沈芮緹輕輕咬著筆，腦海中開始浮現未來的輪廓。

「舉個例子。」老婦人看著她，語氣溫和卻不失認真。「假設妳希望三十年後能夠退休，妳需要知道自己需要多少退休金？這筆錢要如何準備？是來自工作、投資，還是兼職收入？每個月要存多少？如果想透過投資達成，應該使用哪些工具？需要掌握哪些知識？」

沈芮緹深吸了一口氣，覺得有些沉重。「聽起來，好像要考慮的事情很多。」

「當然，這是一個需要長時間規劃的過程。這麼做還有一個好處，它能幫助妳對於未來的自己不再感到陌生。」老婦人啜了一口紅茶繼續說道：「但記住，妳要保持彈性，定期檢

視這份夢想清單。人的想法會隨著時間改變，這是正常的。目標與計畫是為了幫助我們創造一條通往理想人生的道路，讓我們能夠預測可能發生的狀況並提前準備。」

沈芮緹點點頭，覺得這番話讓她心安了些。

「關於人生清單的各個分類：健康、事業、財富、人際關係、休閒嗜好、學習成長，這些領域中有許多專家。妳可以多方請教，也可以透過書籍雜誌來學習。」老婦人頓了頓，語氣帶著些許笑意。

「但千萬不要試圖一次就讓計畫達到完美的程度，邊執行邊修正，這才是最實際的作法。如果給自己過大的壓力，反而容易放棄。」

沈芮緹覺得，如果老婦人是過來人，應該有口袋名單。她猶豫了一下，抬頭問：「妳是過來人，應該會有自己的口袋名單吧？就是那種⋯⋯在什麼時候該問誰、該去哪裡找答案⋯⋯」

她停頓了一下，說道：「妳應該認識一些值得請教的人吧？」她以為老婦人會直接給出一、兩個名字，像故事裡的指引者那樣，為她指引出清楚的道路。

「雖然我是未來的妳⋯⋯」老婦人輕聲說，語調輕柔得像落在池水上的羽毛。「但妳的選擇，未必會與我當年一模一

Chapter 3 寫下 100 個願望清單　　79

樣。如果妳只是循著我走過的路,那我其實也不必特地回來了,不是嗎?」

沈芮緹微微一愣,彷彿意識到什麼,臉上有一絲羞赧。她意識到,自己剛才的問題,也許太過依賴了。

老婦人輕輕嘆了口氣,語氣變得更溫柔。「我明白妳的想法,因為我也曾經是妳。」她的聲音像是迴盪在茶香裡的呢喃。

「不是我吝嗇給妳答案,而是請教本身也是一種學習的過程。人們往往對於太容易得來的知識不上心,而真正的智慧,需要自己去尋找。只有親手觸摸過泥土、摔過跤、迷過路之後,那些真正重要的東西,才會在妳的心中發芽茁壯。」

沈芮緹靜靜地想了好一會兒,眼神逐漸轉為清明。她知道老婦人說的都對,可是她還是希望能有個起點,哪怕只是一個方向,一塊可以先靠近看看、感受一下溫度的地方。

沈芮緹沉思片刻,然後問道:「可是,關於財富這部分,妳能不能給我一個請益的人選?至少讓我有個起點。」

老婦人微微一笑,那笑容像風過老樹枝椏般自然,彷彿早已知道她會問出口。

「有一個人，妳或許可以從她那裡，學到理財的基本觀念，也會知道該怎麼走出第一步。」她語氣平靜，像是說著某個熟悉得不能再熟悉的舊事。

「誰？」沈芮緹不自覺地向前傾了身，語氣中帶著些急切與期待。

「小阿姨。」老婦人說。

沈芮緹怔住了。

「……小阿姨？」她像是沒聽懂似地重複一遍，眉頭微蹙，眼中浮現些許遲疑與不解。

那個熱愛咖啡、研究甜點製作、說話聲音很輕柔的小阿姨？雖然，沈芮緹和小阿姨的感情不錯，但是，她從來沒想過將她的名字和「財務規劃」做聯想。

老婦人點點頭，眼神柔和中帶著一絲懷念。

「她對財務規劃有著獨到的見解，而且，她懂得如何在人生的變局中保持彈性。如果妳願意開口問，她一定會很樂意分享她的經驗。」

說完，老婦人由懷裡掏出一只銀色的懷錶，打開錶蓋看了一眼。隨後，她緩緩站起身，動作穩重而優雅，像是在完成某種儀式。她伸出手，輕輕拍了拍沈芮緹的肩膀，那力道

不重,卻有一種讓人安心的溫度。

「時間差不多了。」她輕聲說,聲音像風拂過耳畔,溫柔而短暫。

窗外的風輕輕吹進來,像一條看不見的河流,帶著近午微溫的氣息,掀動書頁的邊角,發出細碎的沙沙聲。陽光透過窗戶落在木質地板上,彷彿灑了一地柔光的金粉。

老婦人不疾不徐地走到窗邊,像是在確認什麼似地,側頭再看了一眼沈芮緹的房間。那神情安詳中帶著一點淡淡的不捨,就像旅人回望熟悉的老月臺,卻知道火車已經要啟程了。

突然,沈芮緹像是感受到什麼,還來不及說出口,只覺得眼前的空氣忽然一陣微顫,像是陽光在水面上蕩開一道波紋。

下一瞬,她眼前的老婦人,便如晨霧般淡了、輕了、靜靜地溶進了那片灑滿陽光的空間中。

她什麼也沒留下,只有那只還冒著微熱的茶杯,孤單地停在木桌邊緣,杯壁上凝著一圈淡淡的水痕。

沈芮緹望著空無一人的房間,半晌不語。她胸口仍有一絲悸動未曾平息,那種像是剛剛夢過一場,卻又如此真實的

心情，使她不自覺地伸出手，輕輕按住胸前。

她靜靜呆呆地坐著，不知過了多久。

遠方的藍天，天色澄淨得像剛洗過似的。午後的陽光讓室溫逐漸升高，使她感到一絲煩躁。她站起身，走到窗前將窗戶關上，轉頭尋找冷氣搖控器，打開空調，一陣陣的涼風緩和了她一身的燥熱。

沈芮緹回到書桌前，視線落在桌曆的某一格上；一個月後，她即將面對一場壓力山大的提親，那個紅圈圈起的日子如同壓力的標記，在她心上烙下沉重印記。而在那之前的二天，便是 young talent 培訓計畫的錄取回覆期限。兩條道路如交叉小徑在她腳下伸展，卻沒有任何路標指引方向。

想到這裡，胃部不自覺一陣緊縮。沈芮緹微微皺起眉，摀住腹部，步履有些急促地走向廚房。她拉開藥品抽屜，摸出那瓶常備的胃乳片，倒出一顆，並為自己倒了一杯水。

藥片入口時，那股淡淡的人工奶味在舌尖化開，讓她不自覺皺了皺鼻子。

她站在流理臺前，仰頭喝下最後一口水，手中的玻璃杯還沾著幾滴水珠，映出午後陽光的微光斑點。她深吸一口氣，彷彿也將那股不適暫時壓下。

沈芮緹走回房間，視線落在茶几上。

一切彷彿夢境，恍如莊周夢蝶。今天早晨發生的一切，如幻似真，難以分辨。那場對話像是清晨醒來的一場幻覺。然而，茶几上未收拾的兩只茶杯、杯沿上殘留的紅茶漬，以及沈芮緹筆記本裡的重點摘要，無聲地證明：四十年後的自己，確實來過。

「她⋯⋯真的來過啊。」

沈芮緹輕聲呢喃，語氣中帶著一絲肯定，也有淡淡的感謝。

腦海中，那位老婦人的聲音如潮水般再度湧現，一句一句，緩慢卻清晰，像午後牆上鐘擺的滴答聲，敲打著她內心未曾發掘的某處。

「或許⋯⋯她的建議能幫我找到問題的解答吧。」她喃喃自語。

她再次走向書桌，輕輕拉開抽屜，抽出一張A4紙。紙張在陽光中閃著微光，她將它鋪在桌面，靜靜凝視片刻，彷彿在等待心中真正的聲音浮現。

她提起筆，在紙的最上方，寫下：「我想做的一百件事」。

然後，並從數字1開始，慢慢標示到100。

數字彷彿帶著一種安定的節奏，讓她原本浮動的心，慢慢平靜下來。她不知道自己能不能真的完成這一百件事，但至少，從這一刻開始，她覺得方向，似乎已經開始出現。

最初，筆尖在紙面上順暢地滑動著，願望一條接一條被寫在筆記本上。

1、接受公司young talent的培訓計畫
2、以經濟實惠的方式獨遊歐洲
3、利用大眾交通工具拜訪全臺368個鄉鎮
4、探訪中國主要一線城市
5、去西藏
6、乘坐西伯利亞鐵路，探訪蒙古與貝加爾湖
7、接受專業的師資訓練並成為瑜珈老師
8、到國外生活一段時間，不論是打工遊學還是攻讀學位
9、完成西班牙聖雅各之路──由法國之路開始
10、……

她的前幾項願望都寫得極快，沒有任何猶豫。她邊寫邊想，心中浮現的是一個更寬闊的自己。然而，當她寫到第

三十項時，腦子像被卡住了，每寫下一個願望，都變得費力。

「我真的⋯⋯有這麼多想做的事嗎？這個方法真的管用嗎？」

這個念頭一閃而過，竟讓她微微發怔。內心的猶豫及不確定感像潮水一樣湧了上來。就在這時，她忽然想起老婦人所說的話：不要急著否定自己的想法，讓內心自由地奔馳吧。

她闔上眼，深呼吸一口氣，彷彿要將那份過度審視的自我拋開。再次拿起筆時，她決定不再設限，讓筆尖如夢境般恣意滑行。

31、擺一次地攤：可以出售二手貨
32、學習16型人格分析
33、學習塔羅牌
34、開一場個人鋼琴演奏會
35、舉辦個人書畫展
36、登上知名雜誌封面
37、⋯⋯

越寫，她越感興奮。許多曾經在腦海中一閃而過的想法，如今化為具體的文字，彷彿一一找回了那些被塵封的心願。她甚至笑了出來：原來自己內心深處藏了這麼多渴望，只是從未允許它們現身。

當最後一項願望——第100項：到南極看企鵝。她終於落筆，倚靠在椅背，靜靜凝視這張清單，如同凝視一幅顏料尚未晾乾的自畫像。

而此時，她才發現：她列在第一項的竟然是參加公司的 young talent 培訓計畫。而她原以為重要的事情，例如結婚，卻根本不在這張清單上。

「難道……我並不是真的想和陳利昂結婚？」

她輕聲地自言自語，聲音細微得幾乎被空調運作的聲響吞沒。但語氣中沒有驚訝，也沒有愧疚，只有一種逐漸明朗的恍然大悟。

她記起了今天早晨老婦人對她說的話：「寫完之後，先放著吧。等過一陣子再回來看，看看自己對哪些願望仍然充滿熱情渴望，哪些卻變得沒那麼重要。」

她將這一百個願望仔細謄寫進自己隨身的筆記本，然後輕輕闔上，靜靜擱置。

兩天後的夜晚,她坐在書桌前,開始逐一檢視自己的心願。劃掉那些不再感到熱情的項目,又在空白處補上最近浮現的新念頭。寫完後,再次闔上筆記本,留些時間讓清單更接近內心的真實聲音。

直到週末再次到來,她翻開那本筆記,她才開始為這些願望分類。這一次,她想讓它們變得更有實踐性。

短期目標(六個月內可完成,預算5萬元以下)
- 開始學習財務知識(報名線上課程,約5,000元)
- 規劃一場三天兩夜的小旅行(國內行程,預算15,000元)
- 每月閱讀一本書(購書或圖書館借閱,花費3,000元以內)
- 養成運動習慣,每週三次瑜伽課(單堂300元,半年23,400元)

中期目標(五年內完成,預算10～30萬元)
- 參加young talent培訓(集團培訓課程,公司全額支付費用)
- 考取瑜伽師資證照(國際認證課程,學費約120,000元)

- 學習一項新技能，如烘焙或攝影（專業課程，約50,000元）
- 存一筆旅遊基金，預計兩年內完成300,000元

長期目標（十年以上，預算50萬元以上）
- 長時間旅居國外，例如在歐洲生活一年（預估生活費800,000～1,200,000元）
- 舉辦個人攝影或繪畫展覽（場地租金、製作費約500,000元）
- 嘗試副業，如經營個人部落格或開設投資理財課程（網站建置費約30,000元）
- 財務獨立，讓投資收益足以支撐生活（目標資產？元，合理數字應該是多少？）

當分類完成後，沈芮緹輕輕闔上筆記本，長長吐了一口氣。

這是她第一次，嘗試著把未來鋪陳在眼前。從一張模糊的藍圖，變成一條條具體的道路，她感受到前所未有的踏實與興奮。

「原來，我一直以為的未來，只是他人期望的樣子。而現在，這些願望，才是我真正想要的人生。」

然而，在她重新整理願望清單的過程中，發現一個不容忽視的現實—這些夢想清單上的項目，除了需要花時間一一實現外，多數都需要金錢去支持。當然，她明白，有錢也不見得能實現所有願望，人生並非只靠金錢就能圓滿；但若是缺乏足夠的財務基礎，許多事情往往還沒開始，就已經舉步維艱。

她靜靜地看著那一百個願望，忽然感到有些慚愧。自己幾乎是個標準的月光族，理財之於她，不過是個模糊的詞彙，總覺得離自己很遠，也太過複雜。

「或許，我該從自己最不擅長的地方開始吧。」她低聲說。

想到這裡，她輕輕闔上筆記本，心底浮現一絲從容與踏實。或許，這正是她人生轉變的起點。這一次，她不想再猶豫不決了。

Chapter 4

錢,也需要健康檢查

你的錢健康嗎?

　　與小阿姨劉知蓉聯繫妥當後,沈芮緹特地向公司請了兩個星期的年假,搭上前往花蓮的自強號。

　　那天清晨,當火車緩緩駛離月臺,與臺北的喧囂漸行漸遠,沈芮緹的心,也彷彿終於有了可以暫時喘息的空間。

　　抵達花蓮時,已近正午。

　　平日裡的花蓮街道十分靜謐,只有偶爾路過的汽機車聲,在陽光與風之間輕輕劃過。天光和暖,灑落在街角的紅磚牆上,將時間的節奏也拉慢了下來。沈芮緹拖著行李穿過一排老屋巷弄,來到「洄瀾拾光」的門前。

　　那是一家藏身於轉角的咖啡店,木質的門框略帶歲月的

痕跡，門上掛著風鈴，隨她輕推而響起一聲清脆的鈴音，如同溫柔的迎接。

陽光從大片玻璃窗傾瀉而入，金黃的光影斜斜地落在木質地板上，店裡瀰漫著淡淡的咖啡香與麥芽糖般的陽光氣味。時間，在這裡像是慢了半拍，也柔和了起來。

吧檯後方，劉知蓉身穿深藍圍裙，正低頭專注地操控著虹吸壺。熱氣在玻璃壺中升騰，宛如一場小型的蒸氣舞會，在她沈穩的動作裡，將一杯咖啡的靈魂緩緩喚醒。

「芮芮，妳來啦？」她抬起頭，笑了。

聲音輕得像午後微風，帶著熟悉的爽颯與不著痕跡的溫柔。

「小阿姨！」沈芮緹快步走上前，一把擁住她，「我想死妳啦。」

「想喝點什麼？」劉知蓉反手抱住她問道，並指向吧檯旁的一個暗門：「先把行李放到置物室吧！」

「我想喝耶加雪菲。」

沈芮緹說完便將行李放置好，倚靠在吧檯邊，望著那琥珀色的液體一滴滴落下，像是把過往紛擾的心思，一點一滴濾進寧靜中。

劉知蓉動作俐落，不一會兒便將一杯溫熱的咖啡端至她面前，杯緣飄起淡淡花果香氣，如清晨山間的霧氣一般輕柔。

「妳應該還沒吃吧？」她一邊收拾器具，一邊問道：「要不要幫妳做個簡單的三明治？還是鬆餅？」

「我想吃鬆餅。」沈芮緹笑著，語氣裡帶著撒嬌的韻味，像孩提時光中熟悉的任性。

沈芮緹目光追隨著劉知蓉忙碌的身影。她一邊調和麵糊，一邊加熱烤盤，動作嫻熟優雅，像是一場靜謐的表演。那不疾不徐的節奏，不張揚、不慌亂，彷彿將日常生活的詩意一點一滴融進了空氣裡。

這個感覺，太熟悉了。是初夏的味道，是童年的午後，是她心裡某處久未被觸碰的柔軟角落。不知不覺，沈芮緹的嘴角微微上揚。那是一種無聲的安心感。

「來，妳的鬆餅。」劉知蓉將盤子輕輕放在她面前。

金黃的鬆餅剛出爐，邊緣微微酥脆，中央柔軟蓬鬆。香氣從奶油與麵粉中交織而來，彷彿有陽光也參了一腳。糖漿緩緩淋在鬆餅表面，與新鮮水果和一團綿密的鮮奶油一起構成一幅甜美的畫。

「謝謝小阿姨！」

沈芮緹迫不及待地拿起刀叉，切下一小塊，裹上厚厚的奶油與糖漿，一口送入口中。那瞬間，甜味與香氣像在口腔中緩緩綻放，一圈又一圈，像漣漪般溫柔地擴散開來。

她不禁輕聲嘆息：「哇……太好吃了！這個味道，做夢都會夢到。」

劉知蓉被她的反應逗笑了，那笑聲柔和又有些驕傲，像是靜靜綻放的一朵茶花。

她在對面坐下，端著為自己也沖的藝伎咖啡。杯中的咖啡顏色深沉，在午後陽光照映下泛著細緻的琥珀光澤。她輕輕吹了一下杯緣，抿了一口，然後轉頭看向沈芮緹。

「說吧，妳這小妮子特地從臺北跑來找我，不會只是為了吃鬆餅吧？」她揚眉問道。

沈芮緹放下叉子，輕輕嘆了口氣，隨即將自己最近的狀況娓娓道來。

她提及了工作上的迷惘、感情上的煩惱，還有內心對未來的不安。只是，她刻意略過了最關鍵的部分——那段匪夷所思的經歷。畢竟，「遇見四十年後的自己」這種事，實在太令人難以置信了。

劉知蓉靜靜聽著，時而點頭，偶爾抿一口咖啡，像是一

汪靜水，無聲地接住了沈芮緹話語中的每一滴情緒。

待她說完，劉知蓉將杯子輕放回杯墊上，嘴角微微一勾，眼神中透出一絲沈芮緹熟悉的狡黠。

「簡單地說，妳是想知道該怎麼理財，對吧？」語氣不重，卻不偏不倚地點中了她心中最深的焦慮。

沈芮緹輕輕點了點頭，像是終於卸下了某層防備。她雙手交疊放在膝上，目光微垂，語調中有一絲撒嬌也有些委屈。

「小阿姨……我其實有點焦慮。」她聲音低低地說，像是怕驚擾了什麼。「以前總覺得生活還算過得去，但最近才真正意識到，原來我所擁有的一切，不完全是靠自己的力量支撐起來的。我的收入，根本負擔不了我現在的花費。」

她停頓了一下，像是在斟酌要不要說出心中更深的那一層。

「我希望能夠真正實現財務獨立，不再依賴別人，不再害怕哪一天會失去一切。」

她想起了陳利昂，他確實給予了她光鮮亮麗的生活，但她已經意識到，這段關係裡似乎摻雜了一些不純粹的東西。

老婦人說的並沒有錯，她的確是依賴著他過著目前的奢

華生活，也讓自己對他的感情摻雜了一些利益的味道，她不想再這麼繼續下去。

如果她最後決定結婚，她也希望自己是因為想跟他共度一生，沒有任何勉強與感情以外因素的考量。

「小阿姨，我對理財一竅不通，你能不能教教我？」

窗外的風輕輕一掠，樹影搖晃著灑進來，落在她的肩頭與木桌之上。那一刻，她像一個終於願意認真面對自己的旅人，靜靜坐在人生岔路的路標前。

劉知蓉靜靜聽著，嘴角掛著一抹淡淡的笑意，她輕啜一口咖啡，杯緣在陽光下泛著微光，然後輕聲開口：「很好，至少妳現在有這個想法，我也會盡量將我知道的告訴妳。不過，我想先問妳一個問題，妳知道什麼是『財務健康』嗎？」

「財務健康……？」沈芮緹愣了一下，她是第一次聽見這樣的詞彙。她微皺眉頭，眼神裡浮現一絲困惑，隨即搖了搖頭：「沒有耶，這是什麼？」

說完，她像是忽然想起什麼，眼中閃過一道靈光，猛地坐直了身子。

「小阿姨，等一下，我拿個筆記本！」她迅速從手提包裡掏出那本常用的筆記本，翻開新的一頁，握好筆，期待地看

著劉知蓉。

以往,她習慣用手機記錄事情,但在檢視自己想做的一百件事情後,她發現用紙筆書寫的好處。

劉知蓉看著沈芮緹低頭翻開筆記本的樣子,眼中泛起一絲柔光。

她輕輕端起咖啡杯,杯緣在指尖輕轉,啜飲一口後,才慢慢放下杯子:「芮芮,財務健康,是指考量個人或家庭是不是可以妥善管理當前財務與債務,並對於未來的財務規畫具備信心及安全感。也就是一個人財務的情況是否達到平衡狀態,並有能力規劃並支持未來生活。」

「我換個比較直白的說法,」她的聲音不疾不徐,帶著歲月沉澱下來的篤定與慈愛。「多數人都知道身體健康的重要性,為掌握身體健康狀況,會定期到醫院做健康檢查。但是卻鮮少有人為了解『財務健康狀況』做資產健檢。」

「你想想看⋯⋯」劉知蓉看著她語氣清和問道,「如果一個人整天熬夜、暴飲暴食、不運動,妳會說他健康嗎?」

「當然不會。」沈芮緹下意識回答。

「財務也是一樣的。如果你亂花錢、不存錢、欠一堆債,財務狀況就會變得很糟糕。所以妳必須知道自己的財務健康

狀況。」

沈芮緹聽著，不禁陷入沉思。

過去的她，確實是這樣的：刷卡消費時不太會心疼，總覺得錢再賺就有，她的財務健康狀況應該很差。

「那……要怎麼知道自己的財務狀況到底健不健康呢？」她抬起頭問，語氣裡有些不安，也有些渴望。

劉知蓉聞言，嘴角彎起一抹微笑，坐直了身子，輕聲道：「我可以給妳一些具體的衡量指標，這樣妳就能清楚知道自己的財務狀況到底穩不穩。」

「首先，至少要達到收支平衡，不要入不敷出。不能總是賺多少花多少。你一定要有『結餘』，也就是存下來的部分。簡單來說，妳每個月賺的錢扣掉開銷後，至少要能存下20％。如果存不到這個比例，表示妳的開銷可能太高，或者收入不夠。」

沈芮緹輕輕咬著筆帽，若有所思地問道：「一定要存到20％嗎？這個比例……我怕做不到。」

她說這句話的時候，語氣帶著一點不安與自我質疑，像剛抽芽的嫩葉在風中輕顫。

劉知蓉微笑地看著她，語氣不疾不徐：「我知道對妳來

Chapter 4 錢，也需要健康檢查

說,這樣的比例聽起來或許有些難。但是,正因為困難,才更需要從現在開始練習。妳知道嗎?太低的儲蓄率代表妳沒有足夠的錢應付未來的變數,也沒有能力準備自己的退休金。」

她頓了一下,指腹輕撫著咖啡杯邊緣,補了一句:「我在妳這個年紀時,也覺得退休金是很遙遠的事,但換個角度想,與其說是存退休金,不如說是為了達到財務自由,這樣會更有動力。」

「財務自由。那是一種選擇的餘地。」劉知蓉的聲音像窗外輕響的風鈴,靜靜地叩進她心中。「當有一天,妳不想再做現在的工作時,不會因為經濟考量而被迫留下;當妳想照顧誰、想去某個地方、想實現某個夢,妳可以說走就走,不需要等誰允許、也不需要擔心花費。」

沈芮緹若有所思地點點頭。她想到之前和老婦人談話時,老婦人提及的那項國外研究:人們常把未來的自己當陌生人,導致對長遠規劃缺乏感覺。

不過,將退休金準備想成財務自由準備,確實比較能引起她的興趣。

「這個我能夠理解,也就是累積擁有選擇的能力。」沈芮緹給在筆記本上寫下重點。

劉知蓉將咖啡杯放回杯碟上,微微一笑,語氣依然輕

柔：「除了每個月要有穩定的儲蓄之外，還有一件很重要的事情——為自己準備一筆緊急備用金。」

「緊急備用金……？」沈芮緹輕聲念著，筆尖停在紙上，一邊抬眼望著劉知蓉。

「嗯，這筆錢的存在，是為了在妳遇到急需用錢或特殊狀況的時候，像是失業，不讓妳的生活立刻被打亂。」劉知蓉的聲音平穩，卻像在空氣中織出一層無形的保護。

「一般來說，至少要能支撐妳三到六個月的基本生活開銷，但我會建議，最好是六個月。因為根據主計處與勞動部的統計資料，臺灣的勞動人口在失業後，平均需要十七到二十三週，才有機會重新找到穩定的工作。」

窗外陽光斜灑，落在桌邊的植物葉面上，微微晃動的影子像是時光靜靜流轉的證明。

「年齡越大，找到新工作的時間也會更長，這是無法否認的現實。所以，這筆預備金，應該隨著妳年齡的增長而調整，正如我們替年輕的自己準備更多可能性，也要為年長的自己留足餘地。」

沈芮緹靜靜地聽著，並且在筆記本上摘錄重點。她第一次如此具體地去思考，自己是否有能力應對一場突如其來的意外。

「這我能理解。」她輕輕點頭，低聲回應：「就像給自己準備一個安全網，避免有突發狀況時措手不及。」

她說完這句話時，眼神有些遙遠。她想起了自己一直以來對生活太過隨性的態度，從沒遇過「一文錢逼死英雄漢」的窘境，所以真的沒有緊急預備金的概念。

她輕聲嘆了口氣，然後苦笑著補了一句：「其實，我從來沒有準備過這樣的一筆錢。以前總覺得，反正薪水每月都有進帳，也沒出什麼大事⋯⋯」

「所以現在開始並不算晚啊。」劉知蓉語氣溫暖：「妳還年輕，一切都來得及。真正重要的，不是妳過去做了什麼，而是妳現在開始願意學，願意面對。」

劉知蓉輕輕地抿了一口咖啡，像是在給接下來的話語添加一絲沈靜的厚度。

「接下來，我想談另一個指標，那就是負債占收入比重。」她放下杯子，語氣平穩如水，「這關乎一個人長期收入與支出是否已經或是將會失衡。妳每個月要償還的貸款、信用卡費、車貸等，最好不要超過妳月收入的三成。如果這個比例太高，會讓妳無法存錢，也讓生活變得拮据。」

沈芮緹蹙起眉，她想起自己的閨蜜黃小米說過，她每個月的房貸將近收入的一半。前些日子她們兩個人在咖啡館裡

碰面，愛喝拿鐵的她只敢點一杯熱美式，因為房貸的壓力讓她必須減少支出，小米自嘲地說：「這樣也好啦，至少強迫自己儲蓄。」

「那如果超過了呢？我記得小米說，她的房貸就占了收入的一半……她說買房就是一種強迫儲蓄的方式。其實，應該有不少人都有這樣的想法吧？還有很多人把買房當作一種投資，不是嗎？」

她的聲音不大，像是說給劉知蓉聽，也像是在替自己心裡的迷惘尋找出口。

劉知蓉沒有立刻回答，而是慢慢地啜了一口咖啡，彷彿在思索該如何說明。

「妳說得沒錯。」她終於開口，語調溫和平靜，「買房可以是投資，也的確有人透過房地產累積了可觀的財富。但前提是——要做足功課，還有，更重要的，是量力而為。」

她輕輕放下杯子，手指習慣性地在杯緣畫了一圈，像是在描繪無形的界線。

「妳要問的，不只是『能不能買』，而是『能不能承擔』。凡事都得思考自己的還款能力。如果房貸超過收入的三成，會讓生活變得緊繃，像一根繃得太緊的弦，一有風吹草動，就可能斷裂。」

「更何況，許多人沒有緊急預備金的概念。」劉知蓉繼續說道，「一旦工作變動，或生活中發生了什麼意外，那份壓力就會立刻壓過來，讓人喘不過氣。」

　　沈芮緹聽著，心頭微微一沉。她開始明白，那些原以為自己不可能遇到的風險，其實不過是藏在日常裡一點點不以為意的忽略。

　　「買房只是財務規劃中的一個環節。」劉知蓉忽然伸出手，輕輕拍拍她的手背，那力道不重，卻傳遞出一種難以言說的安心。「如果房貸成為生活的壓力而非保障，那麼這個投資，也許就該重新思考了。」

　　沈芮緹低下頭，筆尖在紙面上沙沙作響，她專注地將劉知蓉提示的重點寫入筆記中，她從未這麼具體地思考過這些事情。雖然已年近三十，也早已在社會中打滾多年，但談到理財與投資，她不禁苦笑：自己大概還停留在「幼幼班」的程度吧。

　　劉知蓉靜靜地望著她，那雙眼睛像午後陽光下靜謐的湖水，清澈又帶著一種溫柔的深意。她的語氣沒有任何壓力，就像一縷不經意的風，輕輕地撫過沈芮緹的肩。

　　「財務健康還有一個很重要的衡量指標，叫做『資產負債比』。」她微微一笑，語速平穩而柔和，「說得簡單一點，就

是妳手上真正擁有的東西,無論是存款、保單、還是房產,去扣除妳所欠的債務,比如貸款、信用卡。這個數字如果是正的,並且隨著時間一點一滴地往上增加,那就代表,妳的財務正走在穩定而健康的路上。」

沈芮緹筆尖停在紙上,抬起頭來望向她,點頭表示理解。

說完,她低下頭看著筆記本,輕輕地咬了咬筆桿。這些看似簡單的道理,她當然知道。但真正讓她心底有所感的,不只是數字與公式,而是她對自己長久以來「理財能力薄弱」這件事,從未這樣坦然面對過。

她輕輕吐了口氣,像是釋放了某種無形的壓力。

看見沈芮緹認真的模樣,劉知蓉輕輕地笑了,眼角柔和地彎起,「接下來的一個財務健康的衡量指標,與『投資』有關。」她一邊說著,一邊端起咖啡杯,再慢慢地品嚐了一口。

屋外微風拂過窗臺,風鈴輕輕搖響,如回應她語氣中的從容。

「存錢的習慣雖然很重要,但是妳不能只是存錢。因為光靠銀行存款,財富很難有效率地增加。」她放下杯子,柔和而不失清晰:「根據我的經驗與理解,一般來說,理想的財務狀態,是讓投資性資產占總資產的一半以上。這樣,妳的錢

才能幫妳工作,才有辦法有效率地累積財富。」

沈芮緹專注地聽著,筆尖在紙上輕輕移動。這個觀念,她一知半解,潛意識裡,她覺得「存錢」就是累積財富的好方式,她沒有細想過透過投資讓自己更加富有。不過,此刻她感到一種說不出的希望。

劉知蓉似乎察覺她眼中的光亮,又輕聲補充道:「不過,要記住一件事:投資不是賭博,更不是盲從。在真正投入之前,一定要先了解妳選擇的工具是什麼,它怎麼運作,又有什麼風險。不要因為他人一句話就貿然行動,也別因一時的自信就全盤投入。」

「另外,說到風險,就不能不提保險啊。」劉知蓉說道。

「天有不測風雲,人有旦夕禍福,沒有人希望意外來敲門,但人生的某些瞬間,我們無從掌控。能做的就是事先準備好。」

她放下手中的咖啡杯,指尖輕輕抹過杯身,像是在安撫內心的某個念頭,「臺灣的健保制度確實不錯,但它不是萬能的。像是一些特殊的療程、昂貴的自費藥物、長期照護⋯⋯可能並無法透過健保來支付。這時候,如果事先有投保,那麼在面對選擇時,就不會因為經濟的壓力而受到限制。」

窗外有微風拂過,樹影斜落書桌邊角,沈芮緹若有所思

地點點頭。

劉知蓉拿起桌上的水杯，喝了一口水後繼續說道，「年輕的時候，身體健康、保費便宜，選擇也多，這時候開始規劃是最划算的。很多人等到年紀較年長時，或是發生某些狀況時，才發現保險的重要性。這時候，保費就變得更加昂貴，又或許成了不能投保的原因。」

「那應該從哪一種保險開始呢？」沈芮緹捧起咖啡，輕輕啜飲了一口。

劉知蓉輕輕點頭，「最基本的當然是醫療險，住院、手術這類醫療費用才不會一下子壓得人喘不過氣。意外險也不錯，萬一發生什麼意外，至少有筆補償金能減輕負擔。如果妳有更長遠的規劃，還可以考慮壽險或長照險，這些都是給自己和家人多一層保障的方法。」

「嗯……聽起來保險真的很重要呢。」沈芮緹輕聲回應，筆尖停在紙上，說道。「那我要找時間，好好研究一下。」

「的確，未雨綢繆，才能走得從容。」劉知蓉輕輕拍了拍她的手：「如果妳覺得複雜，也可以找一位值得信賴的保險顧問聊聊，他們能幫妳釐清需求，搭配出適合妳的保障。」

「下一個指標，」劉知蓉嘴角揚起一抹溫柔又略帶調皮的笑意：「叫做『財務自由指數』。」

「財務自由指數？」沈芮緹一邊說，一邊微微挑眉，表情透露著期待與好奇。

「其實它並不複雜。」劉知蓉輕聲笑了，放下杯子，雙手溫柔地交疊在咖啡桌上，聲音輕緩卻帶著一種安定人心的力量。「意思是，妳的被動收入-像是租金收入、利息收入、投資收入等，占總收入的比重。如果有一天，當妳的每個月被動收入，可以支付所有生活費，那就代表妳達到了財務自由。」

「被動收入⋯」沈芮緹若有所思地點點頭，這個名詞她知道。

她的手指輕輕敲著杯緣，咖啡的餘熱透過陶瓷傳來一點溫度，「所以，為了讓被動收入多到可以支付所有的生活支出，懂不懂投資就變得非常重要了。」

「嗯，是啊。」劉知蓉回應道：「保險，是用來應對那些我們無法預知的風險，是為了不讓一場意外打亂人生的步調。而投資，則是讓妳的金錢，能主動替妳去工作。這部分也呼應著我們剛剛提到的投資資產的比例。」

沈芮緹繼續在筆記本中，快速寫下關鍵重點，她的神情專注，眉眼間透著一種少見的認真。

劉知蓉靜靜地望著她，嘴角柔和的笑意未曾消失，眼神裡有著一種輕輕放下的欣慰。

「其實……」她像是想到什麼似的，輕聲提醒，「這些財務指標，妳不需要一下子全部達成。人生不是短跑，不需要過度著急，可以一步一步慢慢來。例如，先存好緊急備用金，接著提高儲蓄率，再來規劃適合的保險，最後才是投資。這樣按部就班地進行，妳的財務狀況會變得越來越健康，也不會覺得負擔太大。」

「嗯……好的。」沈芮緹翻著筆記本，聲音低低地應了一句，像是在對自己的承諾。今天的資訊量實在有點大，她需要時間消化。

這一刻，時光彷彿被定格在午後的金色光影裡，窗外的陽光斜斜落下，灑在沈芮緹的筆記本上，像是一粒希望的種子，悄悄地落在她的心底，等待著發芽的季節。

週一的午後，店裡沒什麼顧客，窗邊的植栽輕輕搖曳著，彷彿也在悠閒地享受這段寧靜時光，同時默默見證這分小小的成長。

望著眼前這樣的她，劉知蓉心中泛起一絲溫柔的感慨。那個曾經蹦蹦跳跳跟在自己身後，總是問著「為什麼」的小女孩，如今也來到了開始思考未來與責任的年紀。

「希望妳能一步一步地，找到屬於自己的節奏，踏實而穩定地走下去，」劉知蓉在心裡這麼想。

Chapter 4 錢，也需要健康檢查

Chapter 5

原來錢應該這樣花

記帳與六個帳戶，開始理財的第一步

　　沈芮緹看著筆記本上的內容沉思片刻，然後抬起頭看著劉知蓉，眉眼間帶著一絲遲疑與好奇。

　　「小阿姨，妳剛才有提到退休準備……那麼，究竟要存到多少錢，才算是達到可以安心的退休金水準呢？」

　　劉知蓉輕輕地將茶杯放回托盤，微微一笑，語氣柔和如午後的風。

　　「一般來說，退休準備的目標，至少要存到年生活費的二十五倍。」她看向窗外搖曳的葉影，又慢慢轉回來，語氣不急不徐，「假設妳一年需要一百萬來維持生活，那麼理想的退休金額，就是兩千五百萬。這樣退休後，才不至於再為錢煩惱。」

「二十五倍……兩千五百萬……」沈芮緹皺起眉，輕聲重複著那串數字，語氣中帶著一種難以置信的擔憂，「這個數字，真的有點嚇人耶……真的需要那麼多錢才夠嗎？」

劉知蓉輕輕點了點頭，並未急著回應，而是先讓沈芮緹消化那份突如其來的震撼。

「這個推估，其實是有根據的。現在臺灣人的平均壽命差不多是八十一歲，如果妳六十五歲退休，還有十六年的日子要靠退休金來生活。」她頓了頓，語氣中添了一分深思與慈愛，「但未來醫療越來越進步，人們將會活得更長，支出自然也會跟著變多。尤其是醫療相關的費用，到老年時往往是負擔最大的項目。」

午後的陽光斜斜地照在咖啡桌上，灑下一片靜謐的金光。風穿過窗沿上的風鈴，發出細碎悅耳的聲音。

「所以，如果能預留二十五年的生活費，不只能應對長壽帶來的風險，也能讓自己的老年生活，依然過得有尊嚴、有選擇。那是一種不必向生活低頭的自由。」

沈芮緹聽完，點點頭，雖然還是覺得數字很大，但好像也不是完全沒道理。

劉知蓉看沈芮緹仍然眉頭微皺，不禁微笑溫柔地安慰著她：「其實，與其現在就擔心那二十五倍的退休金，不如

先從一件最簡單、卻也最重要的事做起。那便是開始學習記帳。」

「記帳……?」沈芮緹輕輕抬起頭,眼神像是剛從遠方拉回,帶著些許不解。

「沒錯!」劉知蓉笑了笑,將話語說得像春日的風一樣輕。「剛才我們聊的所有財務規劃,其實都得建立在記帳的基礎上。當妳開始記錄自己的收支,就能慢慢掌握自己的消費支出。像是房租、吃飯、交通,甚至那些偶爾的小確幸:咖啡、電影,或一場說走就走的小旅行……。」

窗外傳來幾聲鳥鳴,像是在替劉知蓉的這段話點頭附和。

沈芮緹沒有立刻回話,只是低頭攪著咖啡,木匙輕輕碰撞杯壁,發出柔和的聲音。

「剛剛說的兩千五百萬,只是個例子,」劉知蓉輕聲續道,「那是假設一年需要花一百萬的生活費去做估算。不過,每個人的每個月實際支出不可能一樣。妳的生活方式、選擇生活的城市,這些都會影響妳的花費。而記帳,就是一種讓妳逐漸看清自己消費型態、掌握收支的最簡單直接的方式。當然,隨著年歲增長、身分轉變,開銷也會慢慢變化,也許是孩子的教育、也許是父母的照護……不過,記帳可以

協助我們明白知道,該如何調整自己的財務收支情況,並達到理財目標。」

她將身子輕輕往椅背靠去,眼神柔和地看著沈芮緹。

風從半開的窗縫穿過,輕輕掀起沈芮緹的筆記本的一頁,像是提醒人們生活中那些不易察覺的細節。

「記帳,並不是單純的流水帳數字的排列,而是理財的第一步。在記帳的過程中,妳會開始對每一筆支出有感覺,而不是到了月底才驚覺錢怎麼都不見了。文青味地講,記帳是在每天抽一點時間,讓自己與金錢對話。」劉知蓉眼神帶著一絲戲謔,笑著說。

沈芮緹靜靜地點了點頭,眼中閃過一絲醒悟。

原來,記帳,並不是為了約束自己,而是幫助自己看清財務狀況,更清楚地與金錢相處,讓未來的自己,有更多選擇的餘地。

劉知蓉端起桌上的玻璃杯喝了一口水,潤潤有些乾啞的喉嚨接著道:「一開始可以從最簡單的方式著手,像是手機的記帳App,或是一本小小的筆記本,來記錄每天的收支。日子久了,妳會發現其中有些花費,原來並不是那麼必要,而有些習慣,其實可以被調整。」

沈芮緹點點頭:「這個我懂。如果發現自己的儲蓄率真的太低,就可以想辦法增加收入,或是減少不必要的開支。比如說,發現自己外食花費太高,那可以試著自己動手做些簡單的料理,不但省錢,也能吃得更健康。如果有擅長的事情,我也可以考慮兼職或接案,讓收入多一點。」

說完,她忽然笑了笑,低聲道:「我以前從沒想過,記帳原來不是只為了記數字,而是讓我能真正掌握生活和未來的方法。」

「我今天就開始試著記帳。」沈芮緹下定決心,笑著對劉知蓉說。

劉知蓉看著沈芮緹堅定的反應,心裡暗暗欣慰。她知道,這些財務觀念不可能在一天內完全吸收,但只要沈芮緹願意開始行動並養成習慣,未來的財務狀況一定會越來越穩健。

「記得妳說的話喔,小阿姨可是會隨時抽查的。」劉知蓉半開玩笑地說著,眼裡卻藏不住欣慰的光芒。

「嗯,我會努力的。」沈芮緹輕輕點頭,露出一抹清亮的笑容,隨即拿起叉子,將最後一口鬆餅送入口中。

雖然鬆餅早已涼了,但那略帶奶香的甜味,仍讓人感到一種溫柔的滿足,像是努力學習後獲得的獎勵,又像是某種

平靜的踏實感，悄然在心底綻放。

就在這時，一對年輕情侶推開了咖啡廳的玻璃門。風鈴因門被帶動而發出清脆的聲響，那聲音彷彿一滴落入湖面的晨露，輕輕地擾動了午後的寧靜。他們笑語著，一同尋找空位，身影在斜陽下顯得親暱而柔和。

劉知蓉瞥了一眼，便自然地起身準備前去招呼客人。她轉身前，溫柔地對沈芮緹說道：「在記帳的過程中，妳一定會遇到不少疑問，不過別急著煩惱。妳還會在這裡待上幾天呢，有問題我們可以隨時討論。」

話才剛說完，幾乎是同時又有幾組客人湧入「洄瀾拾光」，店內瞬間熱鬧起來。沈芮緹眼看小阿姨忙碌地招呼客人，而自己卻幫不上忙，索性識趣地離開，免得添亂，也順便讓出空間給需要的客人。

五月的花蓮，傍晚的微風輕柔，帶著海潮的鹹味，空氣中透著一絲初夏的涼爽。沈芮緹沿著小巷，朝海邊公園走去。

她記得那裡有一座長堤，她想去那裡吹吹風，整理一下剛剛小阿姨和她聊的理財觀念。

她一直以為自己過得明明白白，實際上卻是渾渾噩噩，至少在人生目標和財務規劃這部分，她總是得過且過，從沒

認真思考過未來。

「還好，我有這次的奇遇。」想到四十年後的自己，沈芮緹心想。

迎著微風，她感覺內心有一股說不清的勇氣在甦醒，就像是在迷霧中走了許久，突然看見前方隱約透出一道光，引領著她前行。她不確定那道光會帶她去哪裡，但她知道那是一個希望，她想走過去。

走到長堤的一處坐下，沈芮緹靜靜望著海面發呆。這時，口袋裡的手機震動了起來。她拿出來一看，螢幕上顯示的是陳利昂的來電。她的心微微一緊，這才發現已經有十幾通未接來電，全是他打來的。

深吸一口氣，她按下接聽鍵。

「喂。」

「妳在哪裡？」手機那頭，陳利昂的聲音如預期般帶著怒氣。

沈芮緹攏了攏被海風吹亂的髮絲，語氣平靜：「我在花蓮，小阿姨這裡。」

「花蓮？」陳利昂的語氣陡然提高，「妳今天請假怎麼沒先跟我說？」

她輕輕嘆了口氣，試著壓住內心的不安與煩悶：「很抱歉，我臨時決定的，忘了先告訴你。」

「忘記？」他的聲音裡透著憤怒與難以置信，「沈芮緹，妳竟然忘記了？我找了妳一下午，妳知不知道？」

她閉了閉眼，努力讓語氣保持冷靜：「對不起，讓你擔心了。」

「妳馬上回臺北！」他的語氣是命令。

沈芮緹指尖一緊，握住手機的手微微顫抖。過去，她習慣順從他的話，因為這樣可以避免爭執。但這一次，她不想再退讓。

「利昂，我承認沒有先告訴你是我的錯，很抱歉。但我決定在花蓮待二個星期，等我回去後，我會去找你。」

「二個星期？」陳利昂顯然更惱火了。「妳在胡鬧嗎？妳到底在想什麼？」

沈芮緹抬頭望向遠方，夕陽的餘暉映照在海面上，波光粼粼。她輕聲道：「我想花點時間整理自己的人生，想清楚我未來要怎麼走。」

電話那頭沉默了幾秒，隨即傳來他不耐煩的冷笑：「妳是在說什麼鬼話？妳的未來不就是嫁給我，過安穩的生活

嗎?」

她苦笑了一下:「利昂,對你來說,那是安穩的生活。但對我來說,或許不是。」

「沈芮緹!」他壓抑著怒氣。「妳這是什麼意思?」

她低下頭,輕輕地撫摸著堤岸上冰涼的石磚,彷彿想從這些紋理中汲取力量。

「利昂,這些年來,我一直以為自己很幸福,因為有你陪在身邊,你對我很好,總是為我安排一切,讓我不需要操心。但現在,我發現我從來沒有真正思考過,自己到底想要什麼。」她頓了頓,語氣堅定了些:「我想要獨立,想要學習如何管理自己的生活,學習如何理財,而不是凡事都依賴你。」

「獨立?妳在胡說八道什麼?和我在一起妳需要煩惱什麼?妳缺錢,我可以給妳,妳根本不需要學什麼理財!」

「可是,這不是我要的生活。」

電話那頭的沉默比怒罵還讓人窒息。

過了許久,陳利昂冷冷地開口:「妳變了。」

沈芮緹笑了一下,帶著些許苦澀:「也許吧。」

「妳這樣做，只會毀了我們的關係。」

她沒有回應，只是靜靜地望著遠方的海平線。天色漸暗，海風依舊輕柔，帶著她的心往未知的方向飄去。

「我要掛了。」她輕聲道。

「沈芮緹，我最後再問妳一次，妳真的不回來？」

她深吸一口氣，語氣堅定：「我需要一點空間和時間，請你尊重我。」

電話掛斷後，她望著手機屏幕，指尖輕輕劃過那個熟悉的名字，心裡有些難過與掙扎，但她也清楚，有些痛苦自己必須忍下。

不知過了多久，手機突然又震動了一下，這次是劉知蓉打來的。

「芮芮，我準備打烊了，快回來。小阿姨帶妳去吃烤肉，順便去逛東大門夜市。」

沈芮緹按下自己的情緒，故作輕快地說，「好。等我，馬上回去。」

她站起身，拍了拍身上的灰塵，順手將手機放回口袋。她回頭望了一眼剛才坐過的地方，那裡的海風依舊輕柔，彷

Chapter 5 原來錢應該這樣花。　119

彿在為她送行。

「至少，我跟陳利昂開了口。」沈芮緹順著長堤慢慢往回走，心情還是有些沈重的。

走回小巷時，夜色已漸漸籠罩整座城市，花蓮的街燈映照出溫暖的光暈。她走近「洄瀾拾光」，小阿姨已經收拾好店面，正站在門口等她。

「怎麼了？心情不太好嗎？」劉知蓉敏銳地察覺到她的異樣。

沈芮緹搖搖頭，露出一抹淡淡的微笑，「沒有，只是在想一些事情。」

劉知蓉沒有追問，只是微笑著點點頭，「走，我們吃烤肉去！」

有些事情，需要當事人自己解決，旁人不需要說太多。

兩人並肩走向夜市，人潮熙熙攘攘，空氣中瀰漫著各式小吃美食的香氣，熱鬧的氛圍讓沈芮緹的心情放鬆了許多。

她知道，這只是她改變的開始，也許前方的路還有許多未知與挑戰，但至少她已經邁出了第一步。

* * * * * * * * * *

隔天，沈芮緹花了一整天的時間，在洄瀾拾光附近閒逛，這一帶是花蓮有名的文青聚落，一棟棟老屋翻新，保留著時光刻下的溫度，卻又透著濃濃的文藝氣息，她還在附近的舊書店掏到一本愛亞寫的小說《曾經》，描述一名女子在愛情與婚姻中掙扎，回顧青春歲月，探索自我與人生選擇的意義。很符合她目前的心境。

花蓮這兒悠閒清散的氛圍，讓她有些逃避地嚮往：要是能在這裡過生活，好像也挺不錯的。

這天早晨，劉知蓉正忙著整理手邊開店前的準備工作。沈芮緹幫忙整理完店內的環境清潔後，便坐在洄瀾拾光的吧檯前，一手撐著下巴，一手漫不經心地滑著手機，眉頭緊鎖。早晨的陽光透過落地窗灑進來，木質桌椅映著溫暖的光暈，空氣裡飄著淡淡的咖啡香，距離洄瀾拾光的營業時間還有一個多小時。

沒多久，劉知蓉端來一杯熱拿鐵，輕輕推到沈芮緹面前，語氣帶著點調侃：「妳還沒吃早餐，先喝點拿鐵墊墊肚子。不過，怎麼一副愁雲慘霧的樣子？」

沈芮緹嘆了口氣，無力地放下手機：「小阿姨，我覺得記帳真的好難……」

「哦？」劉知蓉挑著眉，拉開椅子坐下，「是忘記記錄，

Chapter 5　原來錢應該這樣花　121

還是覺得太麻煩？」

「都有⋯⋯」她苦笑，「一開始還很有幹勁，想要每筆都記得清清楚楚，但發現蠻容易忘記的。而且，分類超難的！像昨天去夜市，買了飲料、鹽酥雞，還有一些小飾品，這到底要怎麼分？」

劉知蓉邊攪拌咖啡邊點頭：「這很正常啊，剛開始記帳的人，最常遇到的問題就是忘記記錄，還有不知道怎麼分類。」她看了一眼沈芮緹的手機，「妳用哪個App？」

「就⋯⋯隨便下載了一個，看起來很炫，功能超多，但用起來好複雜⋯⋯」

「那就換一個簡單的。」劉知蓉笑了笑，打開自己的記帳App，「像我用的這個，只要輸入金額、選個類別就好，沒必要分太細，等習慣了，再慢慢調整。」

沈芮緹湊過去，看著劉知蓉的手機，畫面簡潔明瞭，類別只有「飲食」、「交通」、「娛樂」、「生活費」幾個主要項目，頓時覺得輕鬆了許多。

「其實，在消費的當下就馬上記錄，就可以避免忘記，而且現在有記帳App，很方便的。」劉知蓉喝了口咖啡，「如果當下真的記不了，不是還有發票和收據嗎？每天在睡前花五分鐘整理今天的開銷，補上沒記錄的消費，久而久之，妳就

會養成記帳的習慣。」

「這個方法不錯耶！」沈芮緹眼睛一亮，立刻在手機裡設定睡前記帳提醒。

「不過，記帳不只是記錄，最重要的是分析。」劉知蓉輕輕敲了敲桌面。

「分析？」沈芮緹有些納悶地問：「這個應該是每個月做一次就好了吧？」

「每個月分析一次當然可以。」劉知蓉笑著搖搖頭：「不過，妳現在才開始學記帳，我會建議妳利用每天睡前，在整理時就做簡單的分析。記帳的目的是讓自己更了解消費習慣，進而調整預算。然後問問自己，有沒有可以減少支出的地方？所以，每天檢視是最好的方式，可以比較頻繁的提醒自己是否需要做消費的調整，也可以幫助妳慢慢養成習慣。」

沈芮緹若有所思地點點頭：「所以……如果我發現自己每天都花很多錢買咖啡，就可以考慮自己煮咖啡？」

「沒錯，或者設定一個月咖啡預算，比如1000元，超過就暫時不要在外面買咖啡。妳要記得一點，記帳不是叫妳什麼都不花，該享受的還是要享受，重點是讓自己更清楚錢都花去哪了。」

沈芮緹摸著下巴，覺得劉知蓉說得很有道理。

「原來如此⋯⋯」她用力點點頭，露出鬆了口氣的表情，「小阿姨，我覺得我的記帳系統終於有點眉目了！」

「很好，那就繼續試試記帳App吧！」劉知蓉微笑著起身，回到吧檯繼續忙碌。

陽光依舊溫柔地灑進店裡，空氣中瀰漫著咖啡的香氣，沈芮緹低頭看著手機，手指輕快地點擊著，彷彿找到了記帳的新樂趣。

突然，沈芮緹想起昨晚思考的一個問題，她抬起頭問劉知蓉：「小阿姨，妳之前跟我聊理財健康時，提到至少要存下收入的20％，還說收入要做合理的分配。」

沈芮緹說著說著，語氣逐漸放緩，眉宇間多了些糾結：「我現在其實有很多目標，短的像是旅行、學習課程，中期是取得瑜珈教師資格，長期嘛⋯⋯希望能夠達到財務自由。」語畢，她輕輕歎了一口氣，「大部分的目標都需要金錢支持，可是目前我的收入只有一份薪水⋯⋯而且公司最近啟動young talent培訓計畫，如果我參加了，短期內不可能兼職或發展副業⋯⋯這樣的情況下，我該怎麼做才能更有效率地分配我的收入呢？」

劉知蓉剛剛放的鋼琴輕音樂，在咖啡店內低柔婉轉，彷

佛為這份早晨的靜謐悄悄添上了一筆柔情。

劉知蓉端起咖啡杯，輕輕吹散飄浮在上層的白霧，嘴角漾起一抹柔和的微笑：「妳知道嗎？我以前也曾有過類似的困擾。」

「真的嗎？」沈芮緹的眼神立刻亮了起來，像春水初融時的倒影，有著微微的盼望與好奇。

劉知蓉點點頭，目光似乎穿越時光的窗扉，回望那段青春歲月。她的聲音柔和卻堅定，像是一道在風雨中穩穩燃著的燈火：

「其實，我並沒有非常喜歡警察的工作，不過它是一份鐵飯碗，對我們這種家境不是很好的人來說，已經是不錯的選擇了。所以，我很年輕時，就希望自己能早早攢到足夠的錢退休，然後做自己想做的事情。」劉知蓉的表情有些淡淡的無奈，但也帶著一些感恩。

她頓了頓，眼神彷彿還停留在那個剛起步的自己身上，然後笑了起來，語氣中多了幾分溫柔的調侃：「警察的收入不算差，但為了達成自己的夢想，一路走來，我還真的走了一些冤枉路，才真正學會怎麼管錢。其實，我覺得幫助最大的，應該是記帳和『六個帳戶』。」

「六個帳戶？」沈芮緹微微歪著頭，她的眉心輕蹙，流露

出一絲疑惑。

「嗯,這個概念我當初也是在摸索理財時偶然發現的。」劉知蓉輕輕放下杯子,溫潤的聲音彷彿與窗外的微風交織成一首柔和的旋律,「剛開始我也只是一筆一筆記帳,想弄清楚錢都花去了哪裡。那時因為工作性質,我不太能開拓額外收入,只能從節流著手,盡量把每一分錢用在該用的地方,同時也開始閱讀一些關於理財的書籍。」

她頓了頓,眼神像是飄回了過去某個深夜在檯燈下翻書的自己,「後來讀到哈福·艾克的《有錢人想的和你不一樣》這本書,第一次認識到『六個帳戶』的觀念,對我來說,那是發現一條更清晰的理財之路。」

她微微一笑,帶著一種經歷過生活波瀾後的沉穩與篤定:「這個方法的核心,其實很簡單。就是把每個月的收入,依照用途分成六個帳戶,每個帳戶有自己的任務,不隨意混用。這麼做,不僅能確保日常生活的穩定,也能為財務自由做準備。」

劉知蓉抬起頭,眼神溫柔,像是午後光影落在書頁間的柔亮:「我後來也根據自己的實際情況,微調了一些比例,讓它更貼近我的實際生活情況,更加地實用。它不是什麼高深的理財技巧,而是一種可以幫助我們建立生活秩序的實用方法。」

沈芮緹從背包裡取出筆記本，輕輕翻開。身子微微前傾，像是一株正向陽光靠近的嫩芽，眼神專注看著劉知蓉：「小阿姨，請問是那六個帳戶呢？」

劉知蓉微微一笑，那笑容像窗邊搖曳的葉影，歲月的痕跡淡淡地在她臉上漾開，柔和而堅定：「第一個，是『財務自由帳戶』。妳也可以把它想成為了未來財務自由或退休準備的蓄水池。每個月，將收入的10％到15％存進這個帳戶，這筆錢，只能用來投資，讓錢去替妳工作，產生源源不絕的被動收入。記住，這筆錢是不能夠拿來花掉，這是為了妳的未來財富自由及退休做準備的。」

「只能用來投資嗎……」沈芮緹的眉間悄悄皺了起來，手指不由自主地緊握著筆，聲音有些猶豫：「感覺好難……」

劉知蓉將手中咖啡輕輕轉了轉，杯裡的熱氣緩緩上升，她語調輕柔而有節奏：「沒關係，投資的方法有很多，不需要一口氣學會。股票、基金、房地產……每一種都各有特性，妳可以慢慢地探索。最重要的是保持紀律，無論獲利多少，都要讓這筆錢繼續留在這個帳戶裡，持續滾動、持續累積。」

她停頓了一下，眼神掠過窗外陽光映照的綠葉，用提醒的語氣：「就像我之前說的，在進行任何投資決定前，一定要先了解那項工具的本質與風險。千萬不要因為一時心急而

衝動投入。」

沈芮緹輕輕點頭,她知道,透過這幾天的理解,她漸漸明白理財是一輩子的事情,一口吃不成胖子的道理她懂,現階段是學習理財的方式,她連記帳這件事都還沒完全上手呢!

她低頭,將「財務自由帳戶」的筆記認真寫下,寫完後,她端起咖啡,小口啜飲,牛奶與咖啡交織的溫潤香氣在舌尖綻放,像是劉知蓉的這些叮嚀正在逐漸滲透進她的心中,她喜歡這種溫暖安心的感覺。

「第二個,是『長期儲蓄帳戶』。這個帳戶也分配收入的10%到15%,這筆錢是為了未來可能出現的大筆支出而準備的,例如購屋的頭期款、出國進修的學費,或是將來孩子的教育基金。」

沈芮緹輕輕蹙眉,指尖的筆停在頁面邊緣,視線微微偏向桌角:「那這個和財務自由帳戶⋯⋯有什麼不一樣?」

「財務自由帳戶是讓錢滾錢,它的目標是達到不工作也能生活的狀態;長期儲蓄帳戶,則更像是一筆計畫資金,用來支持人生各個重要節點的開支。妳不是提到妳有很多短中長期計畫嗎?長期儲蓄帳戶就可以用來支持這些計畫。」劉知蓉語調如晨霧初晴時的微光,清晰而不張揚。

「對了，」劉知蓉補充道，眼神帶著實務與關懷的溫度，「如果妳現在的現金存款還不足以支應六個月的生活費，那我會建議妳，先把這段時間的儲蓄，優先放入『緊急預備金』。等存夠六個月的緊急預備金後，再開始準備長期儲蓄帳戶。」

　　沈芮緹沒有立刻回答，若有所思地點頭，筆在筆記本上計算著。她忽然覺得，這些枯燥的數字與分配比例，其實也蠻有意思的。

　　「小阿姨，這兩個帳戶加起來占收入的20％～30％，符合妳前幾天跟我說的儲蓄至少要占收入的20％。」

　　「沒錯，這樣才不會成為月光族，才能慢慢地累積資產。」劉知蓉微笑點頭，「長期儲蓄帳戶也不能只是傻傻地放銀行定存，若可以，也需要做適當的投資。另外，隨著收入增加，這兩個帳戶的比重也需要逐步調整，才能更快的達到理財目標。」

　　她停頓了一會兒，像是想到什麼似地補充說道：「很多人的儲蓄，是存下每個月花剩的錢。我會建議妳最好另外開戶設立『財務自由帳戶』及『長期儲蓄帳戶』，每個月拿到薪水後，馬上將分配的金額，轉入這兩個帳戶並進行適合的投資，這樣可以幫助妳執行這兩個帳戶，避免誤用。」

沈芮緹點點頭,邊喝拿鐵,邊在筆記本上記錄重點。

「第三個是教育訓練帳戶,這部分也要存10%,用來投資自己,比如買書、上課、學習新技能。」劉知蓉說著,微微前傾身子,雙手交疊在桌上,語氣透著鼓勵。她的手輕輕點了點桌面,像是在強調重點。

「學習,或許不會立刻看到豐厚的報酬,」她微微一笑,語氣中多了一分堅定的鼓勵,「但它會在不經意的時刻,為妳打開一扇新的門。不只是讓妳更勝任工作,更會幫助妳提升妳的主動收入,也或許會幫助妳獲得另一項收入來源。當妳的收入逐步提升,未來能投入到第一個和第二個帳戶的資金也會隨之增加。所以,教育訓練帳戶的錢一定要用,千萬別捨不得!」

沈芮緹一邊記錄,一邊不自覺地露出思索的神情。她想起那些曾經因價格而猶豫沒報名的課程,那些想買卻總被放進購物車又刪除的書籍⋯⋯有了教育訓練帳戶,她的確可以比較放心地去學習。

沈芮緹越聽越有興趣,眼眸閃著細碎光芒,書寫的筆剛停下,語氣便已透著幾分急切:「那⋯⋯其他的帳戶分別是什麼呢?」

「第四個,是『休閒娛樂帳戶』,同樣占收入的十分之

一。這個帳戶有個特別的原則。」

劉知蓉停頓了一下，語調俏皮又堅定：「這筆錢一定要花光光。」

「蛤？」沈芮緹睜大眼睛，像是聽到了什麼天方夜譚。

劉知蓉眨了眨眼，神情像是分享一個小祕密：「沒錯，這筆錢就是讓妳開心用的，不需要有罪惡感。妳可以拿來按摩、旅行、買讓自己開心的小東西，或是和朋友去吃一頓心滿意足的晚餐。怎麼開心就怎麼用。」

她的語氣中有一種包容的溫柔，就像冬日裡鋪在膝上的毛毯：「省錢固然重要，但若總讓自己委屈，反而容易在某個疲憊的瞬間亂花不該花的錢。人生是長跑，不能太苛待自己。這筆帳戶，便是為了撫慰日常中那份微小卻真實的辛勞與期待。妳就把它當成生活中的小確幸帳戶吧！」

沈芮緹聽著，不禁笑出了聲：「這個我喜歡！」

她將那一行文字寫進筆記本，筆畫間透著一種難得的輕快；原來理財這麼有人情味，而不是一昧地省、省、省和存、存、存。

「第五個帳戶，是『貢獻與付出帳戶』。這部分大約占收入的5％到10％。」

劉知蓉端起茶杯，輕啜一口，彷彿品嚐的不只是咖啡，還有生命中那些細微卻溫暖的瞬間。她放下杯子，語氣輕柔地說道：「這筆錢，是為了讓妳的金錢，能帶來一點點對這個世界的善意，主要是用來回饋社會。可以是捐款、參與公益活動，也可以是簡單地請一位最近過得有點辛苦、需要鼓勵和溫暖的朋友吃頓飯。」

她目光溫柔地看著沈芮緹，語調帶著提醒的溫度：「芮芮，我希望妳記住一點：有能力付出的人是幸福的，不要捨不得。這個帳戶的存在，不是讓妳去證明自己很偉大、很善良、很有愛心，而是提醒自己，金錢的流動，也可以是一種溫柔的力量。」

她眼角帶笑，嘴角微微上揚：「所以，別吝嗇。讓這個帳戶的錢流出去，也許那天，它會以另一種方式，靜靜地回到妳身邊。」

沈芮緹看著劉知蓉，心裡泛起一股說不出的感動。這是一種良善的循環，也是在功利的社會中，保持一顆柔軟的心的方式。

她將這一筆帳戶寫進筆記本時，筆尖輕柔，像是自己對自己許下一個長久的承諾。

「最後一項，是『生活支出帳戶』。」劉知蓉用手指輕輕

地敲了敲桌面，說道：「我建議這部分的比例占收入40％～50％。這筆錢用來支付日常必需開銷，比如房租、水電、交通、餐飲等，簡單來說，就是維持基本生活的費用。」

她說到這裡，停頓了一下，目光穿過窗邊那一縷晨光，落在搖曳的行道樹影上，語氣也像那陽光般，緩緩綻開：「不過隨著收入的提升，這一筆占收入的比例，應該慢慢地降低。當收入提升時，可以適度改善生活品質，但也要避免過度膨脹開支。」

沈芮緹靜靜地做著筆記。她抬頭望向窗外，清晨的薄霧已完全散去，窗外的景緻是明亮透澈的，像是她目前的心情。

「我好像逐漸理解為什麼小阿姨一直強調記帳的重要性。」她的聲音輕輕地落下，像是一朵靜靜盛開的白花。

沈芮緹輕輕吸了一口氣，像是將整個早晨的清新都納入胸中，然後點頭，笑意在眼角悄悄漾開：「另外，六個帳戶的分配方式，讓我覺得生活好像也沒那麼緊繃了。不但能存錢，還能享受，好像找到了某種生活上的平衡。」

「那就好。」劉知蓉輕輕拍拍她的手，語氣像柔棉般輕盈而有力，「要學會讓金錢成為幫助妳實現夢想的工具，而不是讓它變成生活的壓力。」

牆上那座復古的時鐘緩緩指向十點半，指針的移動像是在訴說光陰的溫柔堅持。洄瀾拾光咖啡店的空氣中，瀰漫著剛出爐可頌的奶香與手沖咖啡的深醇，彷彿為這個靜謐的清晨添上一筆詩意的韻腳。

大門上的風鈴隨著被推開的門扉響了。

劉知蓉站起身，輕聲招呼著第一組進門的客人，聲音帶著晨間特有的柔和與輕快。

沈芮緹坐在靠窗的位置，光影斜斜灑落在攤開的筆記上，映出微黃的紙張紋理。她的指尖輕敲著筆記本，思緒在劉知蓉前幾天提到的「財務健康指標」，以及剛才提到的「六個帳戶」裡穿梭。

她起身走向吧檯，為自己沖了一杯黑咖啡，隨後回到座位，輕輕攪動著杯中的深色液體。咖啡隨著湯匙的轉動泛起細小的漩渦，宛如她腦海中正緩緩梳理的思緒。

喝了一口咖啡，沈芮緹滑開手機，快速檢視網銀帳戶存款，並在筆記本上檢討自己的財務健康狀況。

她望著筆記本密密麻麻的數字，心想：若能搭配記帳來調整與檢視支出，理財之路應該能順暢許多。若能持之以恆，不僅能存下一筆緊急預備金，還能真正開始投資自己，為未來鋪上一條更穩固的路。

咖啡香仍然縈繞在她的鼻間，陽光靜靜灑落在指尖，彷彿低語著：「這一次，妳一定可以做到。」

Chapter 6

買下的是夢想,還是負擔?

買不買房都是自己的選擇

　　劉知蓉的家,藏身於洄瀾拾光附近的一條靜巷深處。

　　那是一棟低調的老宅,屋瓦覆蓋著些許歲月的苔痕,宛如時光停駐的某個角落。翻修過的木樑仍帶著舊時光的溫度,細細一瞥,歲月的痕跡隱隱約約浮現在溫潤的木質紋理中。晴天時,陽光從落地窗斜灑進來,在木質地板與桌面投下層層光影,像被時間細細篩過的溫柔,讓整個空間光潔明亮。

　　房子的內裝是極有質感的極簡風格,潔白的牆面襯著深色木質家具,營造出一種靜謐的安穩感。牆上掛著她親手繪製的幾幅水彩畫:浪花翻湧,飛鳥掠空,遠方的山影氤氳如夢。畫作的色調淡雅柔和,像極了這座城鎮,靜謐且寬容。

屋裡擺設不多，卻處處流露著她的巧思及用心。木製書架上擺放著她精心挑選的書籍與畫冊，角落一張單人沙發上隨意搭著一條素色棉麻毯，微微起伏的摺痕彷彿還殘留著午後閱讀時的餘溫。

若將通往小庭院的玻璃門拉開，能感受到一股草木的清新撲面而來。

那是一座被時間溫柔包圍的小庭院，青苔覆蓋的小徑蜿蜒穿過草坪。庭裡種滿了綠意盎然的植栽──龜背芋葉片如扇，碩大且有光澤；尤加利的枝條輕柔挺立，散發著清涼的氣息；幾株常春藤垂掛在木架上，隨風輕輕擺盪。這裡是她生活中的一片寧靜綠洲，靜好地讓人忘卻外界的喧囂。

傍晚時分，餐廳裡燈光溫暖柔和，桌上擺著素雅的陶製餐具，空氣中瀰漫著淡淡的木質香氣，夾雜著海風的鹹味與泥土的氣息。

廚房裡，沈芮緹專注地站在流理臺前，手裡處理著今天的主角──一尾新鮮的石斑魚。銀白的魚鱗在燈光下閃著細緻的光，刀鋒劃開魚皮的聲音輕柔而有節奏，展現出她頗為熟練的刀工。

劉知蓉在一旁攪拌著蛋液，準備製作她拿手的檸檬塔，淡黃色的餡料在攪拌盆裡緩緩流動，散發出酸甜清新的香

氣,像是夏日午後細雨後的陽光。

「嗯,不錯嘛,刀工進步不少呢。」她嘴角微揚,看著沈芮緹熟練的動作,語氣中有著柔和的讚賞。

沈芮緹驕傲地抬起眉梢,笑道:「當然,怎麼能讓小阿姨看扁了我呢?」

劉知蓉輕笑一聲,將塔皮推進烤箱,打趣道:「還不錯,看來得到你媽媽的真傳了。」

「那當然,我可是她的得意門生。」芮緹說著,將魚骨放進滾水中,雪白的泡沫浮起,她熟練地撇去,魚湯的鮮香漸漸溢出。她補充道:「而且,我也不能白吃白住兩個禮拜呀。」

廚房裡暖黃的燈光勾勒出兩人之間的默契,那種來自血脈與日常交織而成的溫柔聯繫,無聲卻深刻。窗外的夜色悄然降臨,星光尚未明亮,但屋裡的光,已足以讓人安心。

「好啊,那我今天就當副手,等會兒只負責吃。」劉知蓉笑眯眯地說,語氣輕柔,像午後風中飄來的一句玩笑。

一旁,爐上的鍋裡的熱水翻滾著,沈芮緹將洗淨的蛤蜊與白豆腐一一放入湯鍋,白煙騰起,空氣中漸漸瀰漫出來自大海的鹹香氣息。湯頭的色澤逐漸由清轉濃,浮上一層乳

白，像是晨霧籠罩海面般的柔和。

處理好魚湯後，沈芮緹熟練地翻動著另一口鐵鍋裡的豬里肌肉，油脂在高溫中滋滋作響，肉面微微焦黃，釋放出迷人的香氣，令人忍不住想咬一口。她灑上些許現磨黑胡椒與海鹽，手勢自然從容，像是日常早已內化成的節奏。一旁翠綠的蘆筍與鮮紅的甜椒靜靜躺在盤中，等待與熱騰騰的肉片會合，整個擺盤色彩對比鮮明，光是看著就令人食指大動。

不久後，餐桌上便擺滿了熱氣騰騰的料理。

魚湯乳白細膩，表面漂浮著幾片翠綠的香菜與細蔥，湯頭醇厚，入口鮮甜，薑的溫潤在喉頭輕輕散開，像初春第一縷陽光拂過臉頰。香煎豬里肌外皮焦黃酥脆，內裡仍保有柔嫩的肉質，一咬下去便溢出香濃肉汁，搭配清甜的時蔬，每一口都是完美的平衡。

「嗯，真的很好吃。妳可以到餐廳應徵大廚了。」劉知蓉夾起一塊豬里肌，語氣半是調侃半是欣賞，眼角藏著掩不住的笑意。

「哦耶～我就知道小阿姨會喜歡的。」沈芮緹得意地挑了挑眉，開玩笑道：「我應該不用繳房租了吧？」

劉知蓉笑著輕搖頭，端起碗喝了一口魚湯，微微瞇起眼睛，滿足地嘆了口氣，像是在品味湯中的餘韻，也像在讚嘆

Chapter 6　買下的是夢想，還是負擔？　　139

這難得的日常。

「看來是不用了。不過嘛……」她放下碗，轉向沈芮緹，眼中閃著狡黠的光：「下次換妳來挑戰檸檬塔吧？」

「好啊！」沈芮緹爽快地答應。

屋內仍瀰漫著米飯與魚湯的餘香，那是一種溫暖而熟悉的氣息，交織成一種令人安心的家常味道。

劉知蓉和沈芮緹滿足地靠在椅背上，感受著這頓親手準備的豐盛晚餐帶來的幸福感。

飯後，劉知蓉起身走向廚房，熟練地從玻璃罐中舀出幾匙紅茶葉，投入事先煮沸的熱水中。茶葉在琥珀色的水裡緩緩舒展，輕輕旋轉，散發出一股清澈而微澀的香氣。

她將剛從烤箱取出的檸檬塔擺上木托盤，一同端到客廳。塔皮微微酥裂，表面撒了細緻的糖霜，透出檸檬餡淡黃的光澤。

沈芮緹早已經在客廳茶几上，擺放好茶杯、點心盤與叉子。

她輕輕切下一塊檸檬塔，金黃的塔皮在刀下發出細碎聲響，酥脆中帶著溫度。夾起那一口送入嘴中，柔滑的檸檬餡在舌尖綻放開來，清新的酸味與淡淡的甜交織，像春日裡搖

曳的柑橘花香，清爽而不膩，令人忍不住一口接一口。

「太好吃了⋯⋯這才是生活啊⋯⋯」沈芮緹輕聲感嘆，嘴角掛著一抹放鬆的笑意。那種不需要多言的幸福，在燈光下慢慢發酵，像剛泡好的紅茶般，溫熱且醇厚。

嚥下口中的檸檬塔，沈芮緹端起茶杯，輕輕啜飲了一口紅茶。琥珀色的茶湯緩緩滑入口中，微微的澀與溫潤的香交織成一種安定的滋味。她不自覺地放慢了呼吸，目光再度緩緩掃過四周。

房子裡的每個角落都彷彿帶著溫度，那些精心擺設的細節，那些翻新的舊物，那些繁茂的植栽，共同營造出一種低調而溫暖的美感。整個空間像是悄悄地呼吸著，靜靜訴說著生活的日常與節奏。這兒，沒有華麗的裝潢，卻處處透著讓人放鬆的氣息。

「這間房子真的很舒服。」沈芮緹輕聲說。

劉知蓉端起茶杯，杯緣氤氳著熱氣，她笑了笑，道：「是啊，這房子就是我後半輩子的依靠了，我很滿足這種簡單的日子。」

夜色漸深，屋內的燈光映照著木地板，投下柔和的光影。沈芮緹捧著熱茶，指腹輕輕摩挲著杯緣，眼神流連在這片靜謐與溫暖之中。

「小阿姨,妳當初怎麼會想回花蓮買房子呢?」她的語氣帶著一點點好奇,也有一些些的羨慕。

劉知蓉沒有立刻回答,只是輕輕將茶杯移到一旁,望向窗外那一角仍隱約可見的庭院。微風穿過葉叢,枝葉間的月光像碎銀般搖曳。她靜靜凝視著那片綠意,彷彿正翻閱一頁塵封的記憶。

沒有讓沈芮緹等太久,她輕輕嘆了一口氣,嘴角卻泛起柔和的笑意:「因為這裡是我的故鄉啊。」語氣如同在說一件極自然不過的事。

「我在外地工作了大半輩子,雖然習慣了都市生活,但總覺得少了點什麼。當時總想著,等哪天累了,就回來看看山、看看海。」

她停頓片刻,指尖無意識地在杯墊邊緣畫著圓。

「花蓮的生活節奏慢一些,也比較簡單。再加上生活成本也不高,我就申請調回花蓮警局,回到離家不遠的派出所,繼續做些行政內勤的工作。那時候就開始想,退休之後,要怎麼讓日子過得不一樣一些。」

沈芮緹靜靜地聽著,她記得媽媽曾經提起,劉知蓉雖是內勤人員,但每天需要處理大量的公文、報表,日子忙碌而瑣碎。她問道:「從忙碌的工作退下來,小阿姨感覺適應退

休生活了嗎？」

「習慣啊！」劉知蓉微笑著，語氣裡有著一種內斂的愉悅。「說實話，我很喜歡現在的日子。」

她起身走到櫃子前，從抽屜裡拿出一本手帳，封面是亞麻布面、沒有任何文字。她輕輕翻開幾頁，裡頭夾著手寫的菜單、季節限定的甜點構想，還有插畫風格的庭院植物紀錄。

「我大概花了十年做退休準備呢，慢慢學沖咖啡、做甜點，也去上了幾堂關於小店經營的課。起初只是興趣，後來漸漸就有了開店的念頭。」

她將手帳合上，放回原位，轉身時，眼神中多了一層柔光。

「比起以前朝九晚五，這樣的生活，反而讓我覺得更踏實、更豐盛。每天一早起來泡壺茶、打開店門，看到熟客的笑臉，就覺得，啊，今天又是值得的。」

沈芮緹看著劉知蓉，彷彿在那一瞬間，看見了屬於大人世界裡的某種幸福：不是喧囂中的得失，而是一點一滴築起來的安穩與自由。

突然，她腦海中閃過回花蓮第一天，劉知蓉談起「財務

健康」時，提到了負債比率，有討論到房貸的問題。她心中有個疑問，臺灣房價漲翻天，多數人買房都必須考量房貸問題。

她忍不住開口：「小阿姨，妳覺得，人一定要買房子嗎？」

劉知蓉放下手中的茶杯：「不一定喔，」她語氣輕柔，目光溫和而篤定，「但對我來說，買一間屬於自己的房子，是一種長期的安心。不是為了投資，也不是為了面子，而是⋯⋯我不希望等到老了，還得擔心房東突然不續租，我就得搬來搬去。」

說完，她看了看四周這間老屋，眼中浮現一種幾近溫柔的堅定。

「有了自己的窩，就完全不需要擔心這個問題。」

沈芮緹歪著頭、眉宇輕皺思考著劉知蓉的話。

「可是買房通常得揹幾十年的貸款，聽起來壓力好大⋯⋯而且也會影響生活品質⋯..如果把這筆錢拿來投資，說不定資金更靈活，報酬率也高一些。」

劉知蓉輕聲笑了，買房壓力的確很大，難怪沈芮緹會這麼問。

「妳說的沒錯，買股票也是一種選擇。但是我不太懂股票，雖然我也曾經花時間想要了解，但那些紅紅綠綠的數字，對我來說像是另一種世界的語言。對我而言，我覺得買房子反而是比較穩定的存錢方式。如果不住了，也能出租；如果日後需要，也可以賣掉換小一點的房子或搬去別的地方。這種方式對其他人來說，不一定是最好的選擇，但對我來說，是最安心的選擇。」

沈芮緹若有所思地點點頭，她可以理解劉知蓉的想法，有土斯有財一直是華人社會中根深柢固的想法。然而，她心中仍有些疑問，忍不住追問：「現在房價這麼高，動輒就要貸款幾十年，不覺得很沉重嗎？租房反而靈活，住哪裡都可以自己選，而且現在網路上有人說，老了以後就去住郵輪，把郵輪當成養老院——吃住打掃都有專人照顧，還能每天看海，感覺很浪漫。」

說完，她忍不住笑了一下，語氣像是分享一個有趣的夢想。

「嗯，那的確聽起來很不錯呢，」劉知蓉的語調溫和，不急著否定，只是輕輕搖了搖頭，「如果身體健康、經濟條件允許，當然可以這樣選擇。但是，妳知道嗎？等真的到了那個年紀，有很多事情不像我們現在想的這麼浪漫。」

Chapter 6 買下的是夢想，還是負擔？　145

她停頓了一下,目光飄向遠方,像是在看著一個尚未到來卻早已熟悉的未來。

「我有認識幾個較年長的朋友,年輕的時候不想揹房貸,覺得壓力太大。但這幾年,隨著年紀大,房東的態度開始有些轉變。很多房東不太願意把房子租給老人家,怕發生什麼事不好處理。」

劉知蓉想想,又補充說道:「而且,房租真的漲得很快。若我沒有記錯,幾年前,一間小套房可能只要七、八千,現在隨便都要一萬五、兩萬以上了。萬一退休後沒有穩定的被動收入,又租不到房子,那時候該怎麼辦?」

沈芮緹聽了之後覺得有些驚訝,她的確沒有想過劉知蓉提及的那些可能性。她原以為的自由,原以為的選擇,可能在若干年後,變成居住的風險。

沈芮緹微微蹙眉,手指無意識地摩挲著茶杯邊緣,她忽然想起曾在網路上看過的文章,寫著「草木繁茂的庭院、溫泉設施、專業的照護團隊、與年齡相仿的住民們一同用餐、散步」。那樣的生活畫面似乎也不壞。

「那……養老村呢?」她的語氣帶著一些急促,透露出下意識中的幾分不甘心與期待,「如果退休後住進那種地方,應該也蠻不錯的吧?」

劉知蓉沒有立刻回答，只是將手中的茶杯輕輕放下，茶湯在杯中泛起細微的漣漪。

「確實，」她語氣緩緩地說，像是在斟酌如何說明會比較恰當，「養老村的環境很好，設施完善，生活也有規律⋯⋯但妳知道嗎，那並不是一筆小費用。」

劉知蓉輕輕歎了口氣看著沈芮緹，眼中浮起一抹淡淡的現實感：「除了每個月基本的住宿與餐食費用，大多數的機構都會要求住民，需要先繳一筆可觀的入門費，動輒幾十萬、甚至上百萬。更重要的是，入住條件通常會要求住民有基本的生活自理能力。」

「那如果身體狀況不好呢？」沈芮緹忍不住問。

「那就會進一步牽涉到看護、甚至轉進安養機構的問題，」劉知蓉語氣溫和，卻帶著一絲現實的無奈感，「那時候的花費會比妳想像的還高很多。當然，這個問題已經超過我們剛剛聊到買不買房的範圍了，就算是有房子的老人家，也會面臨相同的問題。簡單地說，它是退休理財需要考慮到的一個重點，也是之前提到保險時需思考的部分。」

說完，她端起茶杯，輕啜一口。

沈芮緹沉默了一會兒，眼神落在杯中微微旋轉的茶葉上。那一抹淡淡的琥珀色，彷彿也攪動著她心中未竟的思

緒。

「所以,小阿姨當初決定買房子⋯⋯說到底,是不想老了之後,還要擔心沒地方住嗎?」

劉知蓉抬起眼,對她輕輕一笑,點了點頭。「嗯,是啊。其實每個人的選擇都不同,有些人喜歡自由的租屋生活,有些人則像我,希望有個可以安身立命的地方。」

她微微側過頭,看向落地窗外,庭院的植栽在月光下靜靜綻放著濃綠。夜風帶起些微涼意,吹動著葉片們,輕輕地搖晃著。

「我會選擇回花蓮買房,一來是花蓮的房價比臺北、臺中這些大都市親民得多,這間老屋加上咖啡店,當時買下來其實沒有花太多錢;二來是我在臺北那間華廈,改裝成小套房出租出去,租金剛好能夠支付這裡的房貸。今年底就能還清了。搭配我多年來慢慢存下的退休金,基本的生活已經很穩定了。」

她說得輕描淡寫,事實上卻是在講述一種長年累積、耐心經營的生活智慧。

「而且這樣的安排,未來也有很大的彈性。」她補充道,「無論要出租、自住,或哪天真的想賣掉換個地方住,我都還有選擇的空間。那種自由感,比什麼都來得安心。」

沈芮緹聽著，若有所思地點點頭。雖然內心仍有些迷惘，但她能感受到劉知蓉這些年的努力，不只是為了「錢」，更是一種對人生後半段的安頓與理解。

她猶豫了一下，還是問出口：「那妳當初……應該也犧牲了不少生活品質吧？」

劉知蓉聞言，笑容裡透出一絲溫柔的自嘲。「也不能說是犧牲啦，畢竟一開始的確要捨棄一些當下的享受。我也很喜歡旅行、買衣服、吃好料，但後來就學著慢慢取捨。不是都不做，而是換個方式去體驗。」

她的聲音柔和如夜風：「像旅行，我會選擇淡季出發、住在小旅宿；想吃甜點，就自己學著做。這樣不但省錢，也多了生活的樂趣。與其說犧牲，不如說是換了一種生活節奏吧。日子慢下來之後，反而看得更清楚自己真正需要的是什麼。」

說到這裡，她端起茶杯，再次輕啜一口，像是對這份選擇，也對自己，做了一次靜靜的肯定。

「不過，話說回來，其實也沒有妳想得那麼辛苦啦。」

劉知蓉輕輕一笑，提醒沈芮緹：「妳還記得我提過的六個帳戶理財法嗎？還有那個『財務健康』的概念。」

她嚐了一口自己做的檸檬塔，酸酸甜甜的滋味，和著塔皮的奶香在口中散開，那醇厚又豐富的口感，一如她目前享受著生活的自在、安心與豐足。

　　「一開始當然會覺得有點不自由，每一筆開銷都要計算、分配，但慢慢地，收入隨著年資增加而提升，就會感受到那份穩定帶來的安心感。」她微微側頭，像是在回想過去某段拚搏的時光。

　　「我記得曾經看過一份報導，根據主計總處的數據，年紀越長，收入會有段時間是往上的。未滿三十歲時，平均年所得大約是五十幾萬；三十到三十四歲會成長到將近七十萬；三十五到三十九歲又再提升到近八十萬；而四十至四十四歲是應該是超過八十五萬。最頂峰是在四十五到五十四歲，能達到九十多萬呢。不過啊，到了五十五歲後，平均就會慢慢下降，到六十五歲以上時，就只剩不到五十萬了。」

　　她說得平靜而自然，雖然只是說著一些過往的統計數據，實則隱隱帶著提醒。

　　「所以，當年齡超過某個歲數，收入下降是很正常的，這就是為什麼我們要未雨綢繆，提前做好財務規劃。年輕時的每一個選擇，都是為未來的自己鋪路。人總希望能短期致富，雖然也有人可以一夜致富，但那有那麼多人可以這麼幸運？又有幾個人真的走得長遠呢？」

「所以，」劉知蓉端起木製的杯墊上的茶杯，喝了一口潤潤喉後，聲音低緩而堅定：「我啊，是個長期主義的奉行者。」

沈芮緹低下頭，目光落在掌心捧著的白瓷茶杯上。茶湯輕輕冒著熱氣，在室內微黃的燈光中緩緩升起。那股淡淡的紅茶香氣，在鼻息間繾綣迴盪，像是某種安靜的召喚，讓她的心漸漸沉靜下來。

她的思緒隨著熱氣散開，彷彿也聽見歲月細語。

劉知蓉的選擇看似保守，卻充滿了務實與穩健，也許，這才是長遠來看最安心的方式。沒有浮誇的投資話術，沒有華麗的目標藍圖，只有一步一腳印，踏實過日子的智慧。

沈芮緹啜了一口茶，溫熱的茶湯滑過喉頭，像一條無聲的溪流潤澤著內心。那種穩定的力量，如同夜裡不熄的微光，靜靜照亮她原本搖擺不定的思考。

沈芮緹眨了眨眼，嘴角悄悄揚起一抹明亮的笑意。她彎起指節，輕輕敲了敲茶几，提出過去未曾想過的問題。

「小阿姨，雖然我之前沒有仔細想過……」過去因為陳利昂的關係，她真的從來沒思考過買房與否。「但我很好奇，以我現在每個月六萬塊的收入，在臺北到底有沒有機會買一間自己的小房子呢？」

說到一半，她像是突然想起什麼似的猛地起身：「啊！等等，我去拿我的筆記本！」

語畢，她已經小跑步消失在走廊深處，身影在燈光下顯得輕快又充滿幹勁。過沒幾秒，她便拿著筆記本回來，髮絲還微微因奔跑而顫動。

「我回來了，開始吧！」她氣喘吁吁地坐回沙發，急切地翻開筆記本。

劉知蓉放下茶杯，眼角染上了笑意，那笑中有幾分寵溺、幾分欣慰，也藏著一點點對時間靜靜流逝的感慨。

她語氣柔和，慢慢說道：「芮芮，在臺灣，第一次買房子，除非特殊狀況，銀行通常會提供七到八成的房貸，也就是說，妳至少要準備兩到三成的頭期款。以妳目前每月六萬的收入來看，若是要符合財務健康的原則，房貸的支出最好控制在收入的三到四成，也就是一萬八到兩萬四之間，這樣生活上才比較不會吃緊。」

她頓了頓，補充道：「除了房價本身，還要考慮稅費、裝修、管理費、以及日後的維修費用，加總下來其實費用也不小。」

沈芮緹頻頻點頭，並在筆記本上寫下關鍵數字以及內容。

劉知蓉起身從一旁的木製書架邊拿起平板電腦，手指輕巧滑動著螢幕，畫面反射著窗外淡淡的月光。她眉眼溫柔地低語著：「房屋貸款的實際利率與成數，會根據每個人的信用狀況、收入與房屋條件來調整⋯⋯」

她停頓了一下，看著螢幕上的資料，隨即又說：「現在的法規規定，首購族的房貸最長可以拉到四十年。不過大部分人會選擇二十到三十年之間，利率大概落在2％到2.5％。」

她抬起眼，眼神裡多了點專業與溫柔的關照：「我們可以利用網路上實用的房貸計算網站來進行估算。如果妳一個月的房貸支出上限是收入的三成，也就是一萬八，那我們可以來推算，妳大概能負擔怎樣的房子。」

劉知蓉示意沈芮緹坐到她的身邊，同時指尖不斷在螢幕上移動，待沈芮緹移動好位置後，劉知蓉指著螢幕上的數字說道。

「假設貸款年限三十年，利率是2％，銀行願意貸八成，那麼妳可以考慮的房屋總價，大約是五百到六百萬左右。頭期款的部分，要準備一百二十萬到一百五十萬之間。」

沈芮緹托著下巴，眼神輕輕晃動，心中浮現那些曾在住房網上瀏覽過的臺北市房價數字。「五、六百萬⋯⋯在臺北

市應該很難買到房子吧?好像連小套房都得破千萬了。」

她轉頭望向小阿姨,眼神中閃過一絲調皮的光:「那如果貸款八百萬呢?」

劉知蓉聞言,輕輕搖了搖頭,她也知道這個小妮子又在調皮了。

「芮芮,那樣妳每月的房貸大概會超過三萬,對現在的妳來說,壓力太大了。生活裡的支出不只房貸,還有日常花費、未來的投資計畫、以及不可忽略的緊急預備金⋯⋯」

她伸手輕輕拍了拍芮緹的手背。掌心的溫度透過皮膚傳來,有種讓人安定下來的力量。

「其實很多臺北的年輕人,會把目標放到像新北市中的某些『蛋白區』。畢竟,同樣的預算,在不同地區,能買到的房子條件真的差很多。有時候,只是距離臺北市中心多了幾站捷運,價格就落差好幾百萬呢。」

劉知蓉看著沈芮緹,回想著,自己也是差不多在這個年紀,開始思考未來的日子要怎麼過。她再喝了一口紅茶,像是也在回味那些曾經深思熟慮的選擇。

她緩緩說道:「但買房這件事,不能只有夢想,還得考慮到現實問題。最重要的,還是自己的財務狀況能不能承

擔。千萬不要為了追求某個理想的地點，讓自己背上沉重的貸款負擔。房貸如果壓得人喘不過氣，就像每天醒來都有塊石頭壓在心口，那樣的生活，再漂亮的房子也住不出幸福感來。每一步都要量力而為，財務健康比一切都來得重要。」

沈芮緹聽完，眨了眨眼，吐了吐舌頭：「果然沒那麼簡單啊～」

她闔上筆記本，懶洋洋地伸了個懶腰，語氣帶著重新被點燃的幹勁：「不過，至少我現在對房貸的事有個大致的概念了！下一步……或許該來研究怎麼存頭期款了？」

客廳裡只剩下時鐘緩慢擺動的聲音，窗外的風輕輕拂動窗簾，投下些許晃動的陰影。

劉知蓉靠回沙發，沉吟片刻，才緩緩開口：「不過，如果妳還是很想買房子，其實有個變通的方法可以減輕壓力。跟妳媽媽商量，買房子後，還是住在家裡。將買的房子租出去，利用房租來幫忙支付貸款，這樣壓力就沒那麼大。」

話音剛落，沈芮緹的眼睛瞬間亮了起來，像是夜空中忽然閃爍的星子。她不自覺地挺直身子，語氣裡帶著幾分興奮：「這樣等於讓別人幫我付一部分的房貸？」

「不過，聽起來好像在啃我爸爸媽媽耶！」她歪著頭俏皮地說。

劉知蓉聽了哈哈大笑：「我想他們不但不會計較，反而會覺得妳長大了，會為自己的未來打算。」微微一笑，但語氣仍舊沉穩慎重，指腹輕輕點了點茶杯，像是在強調什麼，「我覺得開始思考買不買房這件事情是好的，不過，現階段的妳剛開始學習理財，我會建議妳將重心放在投資帳戶及長期帳戶上。要想辦法提高收入，這才是長久之計。與其擔心房價，不如讓自己的收入變高，這樣不管是買房還是生活，選擇才會更多。」

沈芮緹將身體靠在劉知蓉的身上，雙手挽著她，半撒嬌半承諾地說：「小阿姨說得對！既然房價不是我能改變的，那我就讓自己變得更強，這樣未來的選擇才會更多！」

劉知蓉輕輕地拍了拍沈芮緹的手，像是在拂去她心頭那一絲不安。她微微側著頭，語氣溫和而平靜，彷彿正在緩緩說著過往的故事。

「雖然我對理財也有自己的一點方法……但說穿了，也不過是圖個安穩罷了。那間臺北的房子租出去後，每月會有些收入，其餘的錢多半還是放在定存，偶爾買點基金、ETF什麼的，都是些小打小鬧的選擇。」

她的聲音像窗外夜風輕拂枝椏般柔和，卻也帶著一絲自知之明的坦率。她的視線落在沈芮緹的臉上，那雙溫潤的眼睛裡多了一分深思。

「說到底，我也不是投資方面的專家，沒有辦法給太多建議。」劉知蓉沉默了一下，像是在回想什麼。然後，她嘴角彎起一個若有似無的笑，語氣也跟著輕快起來。

「對了，我的國中同學，王承遠，妳還記得嗎？他以前在金融市場裡打滾，經驗豐富得很。最近他也提早退休，搬回花蓮，過得比誰都閒適。剛好上週他說要來找我，我可以先和他打聲招呼，妳若有想問的，就趁這個機會請教他吧。」

話音未落，沈芮緹眼中便泛起一絲亮光，像突然想起什麼似的，嘴角浮出促狹的笑意。她抬起手指，輕輕敲著桌面，語氣裡帶著玩味的調皮。

「王承遠叔叔？小阿姨，他可是當年追妳追得風風火火耶！」她眨了眨眼，語氣裡摻著些許調侃與好奇，「不過聽說他身邊從來不缺女朋友，感覺也沒打算結婚……」

劉知蓉聽了，愣了片刻，隨即輕輕笑了，眼神柔和地落在窗外的夜色之中，彷彿回憶的畫面悄然浮現。

她聲音帶著一絲說不清的感慨：「沒什麼追不追的，都是學生時代的玩笑話。我很早就知道自己不適合婚姻，也不想去勉強自己去適應什麼角色。喜歡一個人，也喜歡這樣簡簡單單的生活。反倒是他，一直過得瀟灑自在、遊戲人間。現在說年紀大了、玩夠了，所以就回來種花養貓了。」

沈芮緹托著下巴,眼神閃著興致盎然的光芒:「這樣聽起來⋯⋯還挺有戲的嘛,小阿姨。」

劉知蓉搖了搖頭,嘴角微彎,卻沒說什麼。她手指拂過桌面,像在拂去茶葉落下的碎末,又像是在撫平心中輕微的波紋。

「別腦補故事情節了,先專心學習怎麼理財吧!」

沈芮緹忍不住笑出聲來,輕快地說:「好啦,謝謝小阿姨,剛好我也很久沒見到承遠叔叔了,這次就順便請教請教他吧!」

茶香在兩人之間靜靜流淌,夜晚的空氣中,浮動著未說完的往事與尚未展開的新篇章。

Chapter 6 買下的是夢想，還是負擔？

Chapter 7

我選擇站在時間那一邊

與其追逐短期操作的快速致富，
不如欣賞長期主義的細水長流

週四午後兩點半，細雨綿綿。

沈芮緹推開「洄瀾拾光」的木門，一陣溫暖的咖啡香夾雜著淡淡的烘焙氣息撲面而來，和窗外濕潤的空氣形成強烈對比。

她用手輕輕甩了甩肩上的雨滴，順手將長髮撥到一側，眉眼間帶著一絲疲憊，但更多的是期待。這樣的雨天，最適合窩在咖啡店裡，手捧一杯熱飲，靜靜感受時間緩慢流動。

店內暖黃的燈光映在木質桌椅上，爵士樂慵懶的旋律讓空氣都顯得柔和了幾分。

「來啦？」吧檯後探出一顆溫柔的笑臉，劉知蓉擦了擦手，語氣帶著一貫的從容與親切。

「小阿姨。」沈芮緹對著她揚起一抹笑，熟練地把包放在高腳椅上，扭動著僵硬的肩膀。「今天花蓮的雨還真不小，我剛剛差點連人帶傘被風吹跑。」

「是啊，這天氣還真是折騰人。要喝點什麼嗎？熱茶？還是咖啡？」劉知蓉輕笑，順手就拿起吧枱旁的馬克杯。

「對了，王承遠剛剛傳LINE說他晚點到。我讓他開慢一點，雨天路滑。」

「小阿姨，我自己來就好。」沈芮緹笑著，挽起袖子走進吧檯，一副熟門熟路為自己泡了一杯伯爵茶，順手倒了一杯檸檬水。

「好久沒見承遠叔叔了，他應該還是帥大叔一枚吧？」

「呵，自己看看就知道了。」劉知蓉搖頭笑道，眼神裡帶著一絲不易察覺的思念。

這時，門上的風鈴忽然響起，伴隨著一陣清涼的空氣。

「好久不見了，芮芮！」低沉溫潤的嗓音響起，帶著幾分熟悉的親切。

沈芮緹回頭，視線瞬間落在門口的身影上。

王承遠身形頎長，儘管年過五十，依舊保養得宜，合身的衣著勾勒出筆挺的身姿，灰色襯衫隨意挽起袖口，露出結實的手臂。歲月在他身上留下的痕跡不多，唯有眼角微微的細紋增添了一絲成熟男人的魅力。他的氣質溫文而從容，像是一杯經過時間沉澱的好酒，散發出獨特的韻味。

沈芮緹愣了一下，隨即笑了出來，還沒來得及開口，便被王承遠輕輕地摟進懷裡。

「承遠叔叔，你還是這麼年輕啊！」她笑著拍拍他的背，語氣帶著調侃。心想，這麼帥的叔叔不是自己的小姨丈真是可惜啊！

「老囉。」王承遠鬆開她，後退一步仔細打量她，眼底滿是長輩式的關切。「倒是妳，感覺比以前更成熟了。」

「職場毒打的結果。」沈芮緹聳聳肩，一邊把剛沖好的咖啡遞給他。

王承遠接過杯子，微微頷首：「聽說妳最近對投資有興趣？」

「嗯，但我是投資小白喔，叔叔待會兒不要嫌我笨。」沈芮緹做了個鬼臉。

「怎麼會呢？」王承遠輕笑，端起咖啡吹了吹，語氣帶著一絲風趣：「就算是小白，也要從今天開始變成小灰，慢慢進化成投資高手。」

劉知蓉在一旁聽著，微微一笑，端出一盤手工餅乾放在桌上：「妳承遠叔叔可是金融市場的老江湖了，過去服務的客戶都是頂級VIP大戶，今天可是免費的一對一專業諮詢，妳可要好好把握。」

「是啊，這麼貴的投資顧問，我真的是賺到了，待會我得多問幾個問題才行！」沈芮緹眨眨眼，笑意盈盈。

兩人坐下後，王承遠端起咖啡，視線帶著專注問著沈芮緹：「那麼，妳可以先跟我說說妳目前的財務狀況嗎？」

「嗯！這是我根據前幾天小阿姨跟我提到的財務健康概念，整理出的個人財務資料，承遠叔叔請看。」沈芮緹從包包裡抽出自己的筆記本，攤開其中一頁，微微有些不好意思地遞過去。

王承遠接過本子，目光掃過上面的數據，微微挑眉，嘴角帶著一絲若有所思的笑意。

沈芮緹的筆記上寫著：

1. 儲蓄率：接近0％
2. 緊急備用金：存款24萬
3. 負債比率：0％
4. 淨資產比：淨資產24萬／淨資產比100％
5. 投資資產比率：0％
6. 退休準備率：0％
7. 財務自由指數：0％
8. 保險覆蓋率：有投保醫療險（包含癌症險）及壽險，未購買長照險。

王承遠放下手中的文件，抬起頭，語氣溫和卻帶著一絲專業的嚴謹：「這些數據很誠實，代表妳對自己的財務狀況有一定的認識，這點很不錯。」

沈芮緹眨了眨眼，隨即吐了吐舌，嘴角帶著幾分自嘲：「其實我知道自己財務狀況不是很妙。」

王承遠輕笑，眸中閃過一絲肯定：「不會，我覺得這是個很好的起點。至少妳願意面對，這已經比大多數人都勇敢了。我們來看看可以怎麼改善。」

沈芮緹深吸了一口氣，輕輕點頭，指尖無意識地捏著衣角。

「芮芮，妳有沒有事先想過可能可以怎麼改善？」王承遠輕輕敲了敲桌面，語氣溫和但帶著一點引導的意味。

他向來習慣先聽對方的想法，而不是直接丟出標準答案；畢竟，人總是有偷懶的傾向，總想著能不能直接拿到完美解方。但真正有價值的答案，往往是自己思考過後得來的，這樣才會珍惜。

「有啊。」沈芮緹眼睛一亮，急忙翻開桌上的筆記，指著某頁說：「前幾天小阿姨也有跟我說要記帳，還有準備六個帳戶的方式。我試著算了一下，下一頁是我的初步想法。」

她將筆記本轉向王承遠，手指沿著筆跡細細滑過。紙上寫著一張簡單的分配表，字跡帶點俏皮的圓潤，像是她個性的延伸。

如果依循「六大理財帳戶」的建議，以前每月六萬元的收入來分配，應該是這樣的：

1. 財務自由帳戶（10%～15%）：6,000～9,000元
2. 長期儲蓄帳戶（10%～15%）：6,000～9,000元
3. 教育訓練帳戶（10%）：6,000元
4. 休閒娛樂帳戶（10%）：6,000元
5. 貢獻付出帳戶（5%～10%）：3,000～6,000元

6. 生活支出帳戶（40%～50%）：24,000～30,000元

王承遠挑眉，嘴角微微上揚，視線轉向剛在一旁坐下的劉知蓉，語氣帶著幾分調侃：「知蓉，看來妳已經把基本概念教給芮芮了，不錯嘛。」

劉知蓉慢條斯理地攪拌著自己的美式咖啡，嘴角勾起一抹意味深長的笑：「那當然，也不想想我的師父是誰。」她輕輕眨了眨眼，語氣帶著一絲狡黠。

在王承遠面前，她總是可以自然又放鬆，像回到學生時代一樣。

「哈哈哈？妳的師父？該不會是指我吧？」王承遠眼神裡閃著笑意，故意用誇張的語調反問。

「你說呢？」劉知蓉笑而不語，眼底藏著幾分促狹。

沈芮緹忍不住笑出聲，緊繃的心情稍微放鬆了一點。她闔上筆記本，期待地看向王承遠：「所以⋯⋯承遠叔叔，我的分配方式，真的可行嗎？」

王承遠端起咖啡，輕抿一口後才緩緩開口：「方向沒問題，不過，還有一些細節我們可以再討論看看，確保妳在執行這項計畫時，可以更為順利。」

他的語氣雖然溫和，但眼神依舊犀利，像是在思考更多可能性，而沈芮緹也不自覺地挺直了背，準備迎接接下來更深入的討論。

「現在妳已經有六個月的緊急預備金，還規劃了六個理財帳戶。」王承遠輕輕攪動咖啡杯，抬眼看向沈芮緹，「其中財務自由帳戶和長期儲蓄帳戶，妳得思考一下，怎樣才能讓它們更有效率地增長。」

「讓它們更有效率？」沈芮緹端起馬克杯，嚐了一口熱伯爵茶，順便理一下思緒，她想起劉知蓉之前的話，她眼睛一亮：「承遠叔叔，你是說⋯⋯投資？」

「沒錯。」王承遠點點頭，「但在這之前，先問妳一個問題，妳覺得投資是什麼？」

「呃⋯⋯買股票？或者買房地產來賺更多錢？」她歪著頭，語氣帶點不確定。

股票投資是全民運動，幾乎任何人都能聊上兩句。而買房地產在臺灣一直以來都是熱門話題，她和劉知蓉前一晚才聊到這個話題。

「股票和房地產只是眾多投資工具中的兩項。」王承遠笑了笑，「這樣想吧，投資的目的是什麼？」

他放下咖啡杯,伸手示意,「可以借妳的筆記本嗎?」

「啊,當然!」沈芮緹趕忙遞上筆記本和筆,心裡有些期待。

王承遠一邊寫,一邊輕聲解釋:「投資的目標因人而異,但大致可以分成幾個方向。」

他在筆記本上寫下:

增加財富、創造被動收入、對抗通貨膨脹、達到特定目標資金準備。

「這四點是多數人的投資目的,當然還有些有錢人或法人的投資目的是資產配置與風險管理、進行稅務規劃、增進社會影響力……等。」王承遠說道,「這些,妳可以先有個概念即可。」

首先,我們來看『增加財富』和『達到特定目標資金準備』這兩個目的。」

王承遠圈起了列在在筆記本上的『增加財富』、『達到特定目標資金準備』兩個項目。

然後他抬起頭看著沈芮緹,嘴角帶著一絲玩味的笑意:「這兩個投資目標應該很淺顯易懂吧?」

沈芮緹俏皮地笑了一下,這位帥大叔真的把她當成小朋友了呢。她一時玩心大起地用娃娃音說:「嗯……就是想辦法讓口袋的錢錢變多…多到達到自己想要擁有的財產數字嗎?承遠叔叔。」

「調皮。」看她頑皮的樣子,王承遠輕笑了一下,伸手用筆敲了敲她的頭:「具體來說,投資就是希望隨著時間增長,能夠用一些方式,讓手中的資產增加價值,並且達到理財目標。」

「隨著時間?」沈芮緹敏銳地察覺到王承遠特別強調這幾個字:「承遠叔叔,您特別強調『隨著時間』是有特別的用意嗎?」

「沒錯。」王承遠鼓勵地看著她,問道:「妳覺得一夕致富的機率大不大?」

沈芮緹搖了搖頭,除非是中樂透、賭博,或者突然繼承大筆遺產,一般人似乎難以一夜暴富。

「所以,不論做什麼投資,都需要時間來累積回報。」王承遠語氣穩重,「以金融市場為例,無論是定存、股票還是債券,通常在一般的情況下,投資的時間越長,資產的價值也會相對應地增長。簡單來說,時間在投資中扮演著至關重要的角色。」

他停頓了一下，語氣變得更為沈穩：「談到這裡，就不得不提『複利效果』。」

王承遠在筆記本上寫下「複利效果」，並緩緩解釋道：「複利效果，簡單來說，就是投資的收益不斷累積，這些收益再度投入產生新收益，財富就會以指數方式增長。」

他放下筆，舉起一隻手，指尖劃過空氣，說道：「假設妳把一筆錢存入銀行，銀行會支付妳利息。若妳不把利息提取出來，而是讓它繼續存著，下一次計算利息時，銀行會不僅根據妳的本金來計算，還會加上之前的利息。這樣，隨著時間的推移，妳的資產就會以『滾雪球』的方式越來越大。」

沈芮緹微微皺眉，顯然還不完全理解。王承遠笑了笑：「這麼說可能有些抽象，我們舉個實際的例子。假設妳每年存入 10,000 元到銀行，銀行的年利率是 5％，妳沒有把利息領出來花，妳覺得三年後可以領多少錢？」

「一年利息是 10,000 × 5％ ＝ 500，三年就是 500 × 3 ＝ 1,500，三年後的本利和是 11,500？」沈芮緹拿起手機打開計算機 App，計算後回答。

王承遠輕輕搖頭，「妳忘了，利息並沒有被提取，而是繼續滾動了。」他淡然一笑，開始詳細解釋複利的原理，在紙上畫下時間軸並寫下關鍵數字：「第一年，妳的本金是 10,000

元，銀行會支付妳500元的利息，總額變成10,500元。第二年，銀行會基於10,500元來計算利息，所以第二年妳會獲得525元的利息，總額變成11,025元。第三年，總額會再增長，最後的金額是11,576元。」他用手指輕輕敲打桌面，「和妳之前計算的11,500相差的76元，就是複利效應所帶來的增長。」

他再度看向沈芮緹，語氣變得更加輕鬆：「如果這樣存下去20年呢？妳覺得會是多少？」

沈芮緹搖搖頭。肯定不是她認為的數字。她想。

王承遠拿出手機查詢一下，隨後寫下數字：「26,533元。假設妳每年存入10,000元，並且年利率5％，這是在複利的情況下二十年後的結果。可以看出，隨著時間的推移，複利的力量是如何放大的。」

沈芮緹聽了，不禁驚呼：「哇！這數字真的太驚人了！」。

「財富的累積就是要抓住這個原則。巴菲特曾說過：『人生就像滾雪球，最重要的是找到濕的雪和很長的坡道。』這句話也詮釋了複利的力量：時間越長，財富增長越多。只要能夠早期開始投資並長期持有，任何人都能讓財富透過複利滾雪球式增長。」

沈芮緹望著紙上的數字，輕輕吸了一口氣，像是要把這個現實感受得更清楚一些。

　　她之前知道複利的威力，是來自於一本國外的暢銷書，書中強調只要每天進步1％，一年後能力就會比現在強37倍。在今天之前，她沒有想過這個概念同樣適用於投資。

　　窗外的細雨仍然落下，彷彿無聲地提醒著時間的流逝，而她的思緒也變得深遠起來。

　　王承遠輕啜了一口咖啡，微苦的液體輕輕觸及舌尖，隨即綻放出淡雅的果香與溫潤的堅果氣息。手沖咖啡的妙處，便在於即便冷卻，依然保有獨特的風味——溫度的流轉未曾奪去它的香氣，反而使層次更加豐富，如同歲月的沉澱，使智慧愈發深邃，耐人尋味。

　　他輕輕轉動杯身，琥珀色的液體隨著動作微微蕩漾，如同雨水滑落玻璃窗的軌跡。他望向窗外，小巷映照著濕潤的光影，偶爾有人撐傘匆匆而過，雨幕模糊了遠方的景色。人生或許亦如這場細雨，時光悄然流逝，卻不是真的帶走什麼，而是悄悄為世界添上新的色調。

　　投資需要時間的醞釀，正如這杯咖啡，初嚐時或許帶著幾分鋒芒，而當歲月靜靜沖刷，回甘的韻味才顯露出真正的價值。

「我很喜歡美國一位創投大師拉維肯說過的一句話，」王承遠放下咖啡杯，微微一笑，語氣淡然卻意味深長：「他說：『生命中的所有收益皆來自複利，無論是金錢、關係、健康，還是思考與習慣。』」他停頓片刻，目光落在沈芮緹身上，眼神帶著一絲溫和的期待：「妳還很年輕，擁有足夠的時間，去將這個概念融入生活，細細耕耘。」

沈芮緹靜靜地聽著，視線落在窗外細雨交織的世界。她腦海中浮現出四十年後的自己。她想，如果從現在開始，一點一點地改變，一點一點地積累，那麼四十年後的自己，會是怎樣的模樣呢？應該會很不錯吧？未來的輪廓似乎變得更清晰了些。

「我會記住複利的力量，」她輕輕點頭，目光堅定：「然後，一點一點地，落實在我想改變的事情上。」

「哈哈哈！不需要這麼嚴肅。」王承遠笑著說。

「其實除了複利的效果之外，還有一點可以接續著複利效果一起討論。」王承遠用筆圈起『對抗通貨膨脹』：「就是我們剛剛提到的幾個投資的目的中的通貨膨脹。」

他微微側頭，看著沈芮緹，聲音低沉而平穩，像是在撥動某種思緒的弦：「妳覺得退休後，一個月多少收入夠用？」

沈芮緹垂下眼瞼，指尖輕輕劃過玻璃水杯的邊緣，水面

微微顫動，映出窗外細細密密的雨絲。她輕啜了一口水，檸檬的淡淡香氣漸次擴散，與口中的微甜交融成一種難以言喻的清爽。

她輕輕地嚥下，停頓片刻，才緩緩開口：「嗯……我之前沒有仔細想過這個問題。不過，小阿姨建議我記帳，這樣能夠了解自己的開銷，也可以作為未來生活的計算基礎。我也知道合理的退休金可以用一年支出的25倍來估算。所以我開始記帳了，想看看自己的生活支出大概是多少。」

她的聲音輕柔，帶著思索的餘韻：「雖然我還不確定這個數字應該是多少，但如果用六個帳戶的方式計算，我的個人生活開支應該要控制在三萬左右。那麼，這個數字能當作我未來退休後的生活預算嗎？」

王承遠的指尖在桌面上輕敲兩下，像是在梳理一條看不見的邏輯線索。他的目光平靜，卻蘊含著某種深思熟慮後的重量：「首先，這個數字有些過度保守，妳可能還需要再經過一段時間的調整和驗證。不過，我們可以在這個基礎上去做討論。另外，這個數字沒有考慮到通貨膨脹的問題。假設妳預計四十年後退休，而消費習慣不變，在年通膨率2％的情況下，妳知道四十年後，每個月需要多少錢才能維持現在的生活水準嗎？」

沈芮緹怔了一下，眉心微微蹙起，隨即拿起在放在一旁的手機，指尖在螢幕上飛快地點著，嘴裡低聲呢喃：「通膨⋯⋯每年2%⋯⋯四十年⋯⋯是不是30,000×（1＋2%×40）＝⋯⋯」

話語忽然停住，她瞪大了眼睛，驚愕地望向手機螢幕。「蛤？五萬四？！怎麼會差這麼多！」

她的指尖下意識地在手機螢幕上滑動，似乎還不死心，想再重新計算一次，隨即又想起剛才的對話：「不對，這應該要考慮到複利效果吧？」她苦笑了一下，抬起頭看向對面的人：「承遠叔叔，這計算對我來說有點複雜，我不知道怎麼用手機計算機計算。但⋯⋯就算不算複利，光是五萬四這個數字已經讓人有點頭疼了。」

王承遠微微一笑，伸手翻開她的筆記本，筆尖輕輕劃過紙面，寫下一行公式：「這是複利計算公式，我想，在網路上查複利終值表，或是用Excel來計算會比較方便。」

他停頓了一下，隨後又在筆記本上寫下幾組數字，指節輕輕敲著紙面：「如果通膨率是每年2%，在複利效果的影響下，物價不是線性上升，而是呈現指數型增長，也就是曲線向上彎曲。例如，一樣東西現在100元，通膨率5%，一年後變成105元，但兩年後不是110元，而是110.25元，因為第二年的5%是從105元計算的。」

Chapter 7 我選擇站在時間那一邊

沈芮緹微微往前傾，視線落在筆記本上的數字，她的思緒在數字間來回翻騰，複利的效果在腦海中漸漸清晰，卻又帶來一絲隱隱的不確定性。

「所以，我可以說，投資最基本的目標，應該就是要打敗通膨，對吧？」沈芮緹試探地問道。

「是的。」王承遠抬頭看了她一眼，語氣溫和中透露讚賞：「長期下來，物價會越來越高，而妳的錢則會越來越不值錢。如果妳的投資報酬率無法打敗通貨膨脹，妳的資產不會增值，實際上是在貶值。」

咖啡店內，空氣暖暖的，帶著烘焙咖啡豆的香氣，與窗外的濕冷形成鮮明對比。

王承遠低頭上網查閱了資料，就著手機中的資料在筆記本上寫下一些數字，然後將它推到沈芮緹面前，語氣淡然而清晰：「如果按照妳的三萬元生活開支，考慮到2%的年通膨，四十年後妳每個月大約需要六萬六千二百四十一元，才能維持現在的消費水準。」

他用筆輕點筆記本上的數字，然後抬起頭，目光深邃而平靜：「所以，芮芮，雖然退休對妳來說還很遙遠，但若妳真的理解複利的效果以及通膨對購買力的影響，投資這件事，絕對是妳必須認真思考的。而且，愈早開始愈好。」

沈芮緹接過筆記本，視線落在那些清楚排列的數字上，持續在腦中消化這個概念。她只是隱約覺得東西越來越貴，卻從未真正思考，若沒有做任何因應措施，通貨膨脹可能對自己未來的生活品質產生嚴重影響。

她腦中浮現自己每個月固定支出的數字，忽然明白，就算是有穩定的收入來源，也必須要有本事每年被加薪，而且加薪的幅度必須大於通貨膨脹率。如果做不到，就必須另外想辦法創造收入，否則財富終究會被時間稀釋。

窗外的細雨仍未停歇，玻璃上氤氳著薄霧，店內的燈光映照在窗面，模糊了外頭的街景。

王承遠輕輕轉動手中的筆，像是在等待沈芮緹的消化與提問，見她沒有再進一步提問，才俐落地在「創造被動收入」下，劃下長長的兩條線。

「有些人投資是為了建立穩定的現金流，」他的語氣不疾不徐，像是與窗外的雨絲交錯成一段無聲的旋律。

「比如買高股息股票、定存收利息，或者出租房地產⋯⋯」

他頓了一下，給她時間消化，然後又接著寫下幾個關鍵字：「股息」「利息」「租金」。

「高股息股票,指的是那些長期穩定配發股息的公司,通常是大型企業,現金流穩健。只要持有這些股票,就能定期收到股息,無論股價如何波動,這筆錢依舊會進到投資人的口袋。」

他抬起頭,目光沉穩,雨滴敲擊窗戶的聲音將整個午後襯得更加靜謐。

「當持有的高股息股票達到一定規模,投資人每期領取的股息足以支付日常開支時,他們甚至可以不再依賴工資過活。但是這個前提是所投資的公司營運狀況持續良好。」

沈芮緹下意識點了點頭,認真的消化王承遠丟出的訊息。

「定存則是最保守的方式。」他筆尖一轉,在「利息」旁畫了一條線。「雖然利率不高,但如果本金夠大,每年光靠銀行利息也能獲得穩定收入。只不過,就像我們剛剛聊到的,通常定存的利率並不高,可能低於通貨膨脹率,定存利息的購買力必將被蠶食,所以單靠這種方式並不夠。」

「至於房地產,則是透過出租來產生現金流。如果買下一間房子並出租,每個月都能收到租金,扣掉貸款與必要開銷後,剩下的就是被動收入。」

他修長的手指輕敲著「租金」兩字,微微頷首道:「這種

方式對抗通膨的效果會比較好，因為房價和租金長期來看通常會上升。」

「剛剛提到的都是粗淺的概念，投資工具種類很多，創造被動收入的方式也不只剛剛提到的利息、股息、及租金。每種工具及策略，各有各的優勢及需要留意的風險，需要花一些時間去了解。不過，用得好就可以讓錢幫妳賺錢。」

他放下筆，交疊雙手，目光透過咖啡杯的熱氣，顯得溫和而篤定。「這正是許多人積極創造現金流的原因。如果有穩定的現金流，不論遇到什麼變故，都能確保基本生活無虞。這意味著，即使失去工作，也不會立刻陷入財務困境。這意味著，可以花時間陪伴家人，而不是為了下一份薪水焦慮。這意味著，可以選擇自己想做的事，而不是被經濟壓力推著走。」

「不過……」沈芮緹的手指無意識地輕敲著筆記本的封面，視線落在剛剛寫下的字句上，眉頭微微皺起。她輕聲嘟囔：「感覺這些都是理想狀態耶……」

王承遠輕輕晃了晃手中的咖啡杯，液面隨著動作微微蕩漾，映出一圈圈細膩的光影。他的笑意溫潤，像是午後的一抹暖陽：「不一定哦，關鍵在於『如何』投資。」

門外的風輕輕掠過，帶來遠方海潮微弱的迴音，像是這

場對話的背景音樂,與空氣中的咖啡香氣一同溫柔地縈繞在這靜謐又帶些濕氣的午後。

王承遠在筆記本的一角寫下:「投資vs.投機」

•投資:基於長期價值分析,週期較長(5～10年或更久),注重風險管理與合理回報。

•投機:基於短期價格波動,週期短(幾天到幾個月),風險較高,依賴市場情緒或技術分析。

他停頓了一下,稍稍抬眼,語氣輕鬆道:「簡單來說,投資就像種樹,需要時間讓它慢慢長大,長期結果可觀;投機比較像賭大小,一翻兩瞪眼,輸贏完全看運氣。」

沈芮緹點點頭,細細咀嚼著這個比喻,然後若有所思地問:「所以⋯⋯承遠叔叔,你應該是那種會慢慢種樹的人吧?」

王承遠放下手中的筆,語氣帶笑:「當然,尤其是這棵樹值得我等的時候。」語畢,他頓了頓又說道:「所以,我投資妳。」

「我？」她愣愣地看著他，眼中閃過一絲疑惑。

「沒錯，我用時間投資妳，幫妳打開理財的新視野，這就是一種另類投資。」

沈芮緹呆了兩秒，腦中某個念頭一閃而過，眼睛飄向在吧檯的劉知蓉，然後忍不住笑出聲來，眉眼彎彎：「承遠叔叔，你這樣會不會太會說話了？」

王承遠聳聳肩，嘴角噙著一抹笑意：「投資嘛，不管是金錢還是關係，最重要的，都是讓它變得更有價值。」

此時，牆上的時鐘顯示著時間已到了洄瀾拾光的打烊時刻。劉知蓉送走最後一組客人，順手理了理吧檯上的杯盤，然後走到兩人面前，解下圍裙，語氣帶著幾分輕鬆：「聊得如何？」

「大致的概念都先提到了，不過投資工具和方式還沒來得及細講。」王承遠抬起頭，頓了頓，又笑道：「妳知道的，投資要考量的面向太多了，不是一兩個小時就能說得清楚的。」

他若有所思地看著窗外雨幕，片刻後他轉向沈芮緹，開口問道：「芮芮，妳會在花蓮待到什麼時候？」

「下週日中午回臺北，週一進辦公室。」沈芮緹回答後，

忽然意識到王承遠的「企圖」，她隨即狡黠地補上一句：「如果承遠叔叔願意再花時間「投資」我，我時間都可以配合的。」

王承遠微微頷首，故作自然地說：「那麼，後天⋯⋯星期六下午我再過來，跟妳說說怎麼著手學習投資。」

「嗯，好啊！」沈芮緹雙眼一亮，嘴角揚起輕快的弧度，「謝謝老師！」

有人指引方向的感覺，真的很好。她低頭輕輕闔上筆記本，掌心貼著封面，感受到那細緻的紋理。

當然，她很清楚，王承遠的另一個用意。

她彎起唇角，眼中帶著些許狡黠的笑意：「小阿姨，有沒有推薦的餐廳，最好有酒的那一種。今天晚上我請客，想好好謝謝承遠叔叔和小阿姨的指導。」

劉知蓉微微挑眉，嘴角勾起淡淡的弧度，似笑非笑地看著她：「唷，怎麼突然這麼大方？」

「當然是因為我要投資未來啊！」沈芮緹頑皮地眨眨眼，語氣輕快地說道。

雨勢漸歇，街道反映著昏黃路燈的光。三人步出「洄瀾拾光」，撐著傘走進夜色，笑聲隨腳步輕盈地蕩開，在濕潤

的空氣中留下餘韻,像是這場關於未來的對話,正緩緩展開……

Chapter 8

因為懂，所以才能慢慢累積

投資，必須建立在理解之上

早晨，沈芮緹步伐輕盈地沿著花蓮的街道閒逛著，心中不時消化著前一天下午，王承遠提到的投資概念。

她沒有特定的目的地，只是隨意地走著，不知不覺，她來到了洄瀾文創園區。這片區域以其歷史悠久的倉庫建築、精緻的手工藝品店以及獨具風格的小咖啡館聞名，散發著濃厚的藝術氣息與時光的痕跡。

她走進一家小店，店內彌漫著木質的溫暖氣息，牆上懸掛著當地藝術家創作的畫作，鮮豔的色彩與寧靜的白牆交織，彼此映照，彷彿每一幅畫都在講述一個故事。她找了個靠窗的角落，輕輕拉開椅子坐下。

不一會兒服務生遞上菜單，她點了一杯拿鐵和一份藍莓

鬆餅後。沈芮緹靜靜地望向窗外，眼前的街景讓她的心情漸漸放鬆，彷彿所有的煩憂都被拋到腦後。

不久後，餐點端上桌，熱氣騰騰的拿鐵與剛出爐的藍莓鬆餅一同呈現在她面前。沈芮緹先是喝了一口咖啡，那股苦澀在舌尖蔓延，隨後與牛奶的香甜交織，溫暖的液體在她的口中蕩漾開來，彷彿整個身心都被一層舒適的包裹著。接著，她夾起一塊鬆餅，外層微微酥脆，內裡軟嫩，藍莓的酸甜恰到好處，與鬆餅的口感交織成一種細膩的和諧，帶著一點清新的氣息，像是夏日微風輕拂過心頭。

這一刻，沈芮緹的心情隨著味覺的愉悅愈加輕鬆，心中的紛亂也漸漸沉澱下來。她閉上眼睛，彷彿聽見自己內心的聲音逐漸變得清晰起來。對於未來，她的期待變得愈發堅定。想起了這幾天開始接觸理財後的感受，她問自己：「我該學些什麼，才能讓自己的生活不再被無形的風險所左右？」

她深吸了一口氣，輕輕放下咖啡杯，拿起手機，默默地搜尋著投資書籍與課程的資訊。可是，當她看到琳瑯滿目的資訊一一出現在手機頁面上，沈芮緹覺得有些困惑：這些選擇讓她感到迷茫，該從何開始呢？

她手指不斷地滑動手機螢幕，嘆了口氣，「唉！還是等

下次和承遠叔叔碰面時，再請教他好了。」她心中暗自安慰自己。

就在她這樣想的時候，手機突然彈出了一條訊息通知。

是黃小米的LINE訊息：「芮芮寶貝，現在可以講電話嗎？」

她微微一笑，毫不猶豫地回覆：「Okay～」

訊息剛送出，電話鈴聲就隨即響起，是黃小米的來電。沈芮緹接起電話，黃小米甜美、輕柔的聲音傳來，彷彿春風輕拂過她的耳畔。

「寶貝，我好想妳。」黃小米的語氣帶著一絲撒嬌，接著問道：「妳什麼時候回臺北啊？」

沈芮緹輕輕放鬆肩膀，嘴角微微上揚，柔和地回答：「下週日。」

黃小米驚訝地笑了出來：「什麼？妳還要在花蓮逍遙這麼多天？」

「對啊！」沈芮緹的聲音帶著幾分她自己都沒察覺的輕鬆和愉悅，「妳知道的，我需要一些時間來思考我和陳利昂的關係，還有未來該怎麼走。而且，在這裡我也有一些意外的收穫。」

黃小米聽得有些興奮,語氣變得更為關切:「喔?什麼收穫?」

沈芮緹的眼神不禁一亮,語氣更為歡快:「妳還記得小阿姨的國中同學王承遠嗎?他之前是金融業的高管,不過,他也提早退休回花蓮了。昨天我還向他請教了一些理財問題。」

沈芮緹拿起桌上的咖啡,喝了一口繼續說:「承遠叔叔和我明天下午會在小阿姨的咖啡店碰面,他會再教我一些投資的方式。我想,這會是學習投資的好機會。」

黃小米聽了,語氣中帶著些微的興奮:「那太好了!我也想去,這樣我們可以一起聽,順便討論一下。」

沈芮緹聽後愣了一下,微微一笑,對黃小米的熱情感到既驚訝又溫暖:「妳也要來花蓮?」

「當然!寶貝我想妳了啊!去花蓮見見妳,也順便了解一下投資的事。」黃小米的語氣中滿是期待。「嗯,說真的,妳也知道我還在揹房貸,但接案工作的收入有時候真的不太穩定,壓力真的很大。所以,我也想聽聽『專家的意見』。」

沈芮緹笑著回應:「那真是太好了,我們可以一起討論,一起聽承遠叔叔講課。」

「我可以厚臉皮地跟妳一樣窩在小阿姨家嗎？」黃小米問道。

「我問問小阿姨。不過，應該沒有問題吧！」

電話那頭，黃小米語氣略為激動：「謝謝妳，芮芮，我馬上訂車票，今天稍晚見囉。」

＊＊＊＊＊＊＊＊＊＊＊

週六下午，花蓮的空氣瀰漫著淡淡的泥土氣息與雨水洗滌後的清新，風拂過洄瀾拾光門前的小風鈴，叮鈴作響，如同微風低語。午後的陽光被層層雲幕遮掩，透過窗扉滲入的光線朦朧柔和，為整個空間披上一層臨近初夏的靜謐。

王承遠的「非典型投資課程」即將開始第二次的授課。今天，除了沈芮緹，還多了一位新學生：黃小米。

黃小米前一天早上和沈芮緹通完電話後，便急忙訂了火車票，風風火火地趕來花蓮。當天晚上還纏著沈芮緹，細細詢問幾天前劉知蓉與王承遠分別向她提及的理財概念。

「小阿姨，真是神奇，」沈芮緹語氣帶著幾分驚喜，「教著教著，我竟然覺得這些概念愈來愈清楚明白了。」

「就像理查・費曼（Richard Feynman）說的，教其他人，果然是最有效的學習方式呢。」劉知蓉微微一笑，端起茶杯抿

了一口輕聲說道。

此時，王承遠、沈芮緹和黃小米三人坐在靠近小院的窗邊的座位上，微風透過窗隙輕拂進來，帶來一絲清涼。

沈芮緹眨了眨眼，捧著溫熱的茶杯，低聲問道：「承遠叔叔，今天我們是要學習怎麼投資，對吧？」

「沒錯，不過在這之前，我必須要先提醒妳們一些事情。」他目光柔和地掃向兩位女孩，語氣溫和地叮嚀兩個年輕的女孩：「學習投資，是讓自己多一點選擇生活的能力。但最重要的，投資在學習上，也就是投資自己，永遠是最有效率的投資。切記，有時候老天爺會先給投資新手一手好牌，讓他們可以在短時間就獲得意想不到的報酬。如果妳們也遇到這種情況，絕對不要失去理智，以為自己可以靠投資過日子。真正能讓你走得遠的，是本業和投資兩邊都付出努力。這樣一來，不論未來怎麼變化，妳們都能自己決定怎麼過生活。」

他看過不少年輕人以為可以輕易地靠投資過生活，卻在某次市場大跌後，自神壇崩落。原本在社群媒體上曬著對帳單、談著財務自由的他們，一夕之間安靜了下來。

有些人比較幸運，有能力重新調整生活節奏；但是，也有些人自此陷入情緒的低谷，人生自此黯淡。

他沒有資格批評與責怪,只是感嘆,因為他曾經也是其中之一。年輕時,他也曾幻想過靠幾支飆股翻身,從此財富自由躺平生活。但現實告訴他:投資不是逃避現實的門票,而是一場需要紀律、理解和時間的修行。

　　沈芮緹歪著頭,思考王承遠剛剛的話:「承遠叔叔想提醒我們,投資不能只靠運氣,更不是逃避工作的藉口,對吧?。」

　　黃小米俏皮地眨了眨眼睛:「放心,我們會認真學習投資,也認真工作。」

　　「妳們有這樣的態度,我就放心了。」他看了看兩人,語氣一轉,爽朗道:「談到投資,就必須有投資工具。但是,投資工具種類繁多,每一種都有其特定的用途與風險。」

　　王承遠從隨身的包裡拿出一張A4紙,在上頭乾淨利落地寫下:

　　股票、債券、基金、房地產、商品、衍生性商品、外匯、加密貨幣、ETF。

　　黃小米忍不住湊過來,看著紙上的字,「哇,有些投資工具聽起來真像是外星文。」

　　王承遠看了看她們,嘴角微揚,「這些只是主要的投資

工具,我等一下會跟妳們做說明。不過,在講解這些工具之前,我們要先理解兩個在投資前必須思考的重點。」

他停頓了一下,在紙的另一側寫下兩個字詞:「風險」與「報酬」。

「報酬,是我們在投資中追求的回報。不過,投資時須要更留意的是風險。它代表的是未來的不確定性、可能的損失、或是不如預期的結果。簡單來說,風險,就是你可能會失去的那一部分。」

沈芮緹低頭默默地看著紙上的字,忽然,她眨了眨眼,嘴角微微上揚,像是想起什麼似的,輕聲笑了起來:「嗯,這有點像在玩夾娃娃機耶。偶爾運氣好,一下就夾到喜歡的那一隻;但多半的時候,投了好多枚硬幣,夾子還是鬆鬆的,什麼也抓不到。」

她頓了頓,語氣裡透出一點認真,「高手都會先看準想抓的娃娃的角度,想想它值不值得,還會觀察機臺的機率設定,算算自己可能要花多少,才不會白忙一場。同時也估算可能有多少錢會打水漂。」

她說到最後,忍不住自己先笑了起來,語氣裡多了一點淘氣。

黃小米也跟著笑出聲來,雙手交疊在桌上,語調輕快中

Chapter 8 因為懂,所以才能慢慢累積　　191

帶點俏皮：「真的耶，而且這裡的『娃娃』，每隻都不便宜，可能一不小心就荷包大失血，卻一隻也沒抓到。」

王承遠笑了笑：「這比喻挺貼切的呢。」

他頓了一下，眼神輕輕掃過窗外雨絲滑落的痕跡，他思索著如何說明才能更淺顯易懂。

「風險，可能來自很多地方。市場的起伏、經濟的變化，甚至一家公司的營運不如預期，又或者是國際情勢、政策與貨幣的變動……這些，都會影響我們最終能不能順利把娃娃——也就是投資報酬帶回家。」

他說話的語氣仍然輕緩，如午後茶香般不疾不徐，卻藏著份不容忽視的提醒：「所以，學會看懂風險、管理風險，是每個投資者都無法逃避的課題。在選擇任何一項投資工具之前，若能誠實面對它可能帶來的風險，妳們才不容易在波動來臨時慌了手腳。」

「妳們可能聽過一句話：『高報酬常伴隨高風險。』但也別忘了，風險高，並不等於一定會有高報酬。有時，那只是個看起來很吸引人的誘餌。」

「投資的工具很多，每一種都需要時間去了解與學習，」王承遠語氣溫和，停頓了一下，看著眼前兩張專注的臉龐，輕輕點頭，「今天我能做的，是幫妳們把輪廓勾勒出來，讓

妳們了解各項投資的概況，至於細節，就得靠妳們自己慢慢摸索，找到適合自己的路。」

他拿起筆，在「股票」兩個字旁畫上一個小勾，語氣輕快了些：「那我們就先從最常見的『股票』開始吧。」

「股票代表持有公司部分所有權的證券。它的報酬主要來自兩個部分，一個是股價上漲，另一個是公司分紅。前者，是市場力量推動的結果；後者，則是公司營運成果的回饋。」

他停了一下，補充道：「不過，因為市場變化快速，股價常常忽高忽低，這就是投資人需要面對的風險。有時候，即使一家公司的營收與前景都相當不錯，股價卻未必如投資人期待地上揚，這種情況並不少見。因為股市從來都不是單純反映公司營運的狀況，它也受市場預期心理及投資人的情緒的影響。」

黃小米點了點頭，眼神停留在紙上，然後輕聲問道：「所以，股價不只受公司營運狀況影響，市場氣氛也會影響價格？」

王承遠露出微笑：「沒錯，市場的情緒往往比理性還快一步。這也是為什麼，投資學習的不只是工具，還有需要培養自己的市場判斷力。」

「所以，股價的波動性，是我們特別需要留意的部分吧？就算是大家口中的好公司，也可能被一些外部的因素影響而產生價格的變動……」沈芮緹歪著頭想了想，輕聲說道，像是在釐清剛剛吸收的內容。

　　王承遠聞言微笑，語氣一如既往地平和：「妳說得對，不過市場的波動往往難以預測，即便是穩坐產業龍頭的大企業，也可能因為全球經濟的風向改變，或是一個不慎的內部決策，而讓股價大幅下滑。」

　　黃小米專注地聽著，並接著問道：「那麼，我們能從哪些地方評估一家公司的是否值得投資呢？」

　　王承遠伸了個懶腰，舒緩一下久坐的身子後，隨後眼神落在窗外細雨中的街道，他的語氣平穩而深沉：「評估的方式主要分為兩大類：基本面分析與技術面分析。另外，也有人會搭配籌碼面分析、總體經濟分析等輔助方式。」

　　他把視線從窗外收回，正視著沈芮緹和黃小米，繼續說道：「市場波動是一時的，投資還是要看公司長期發展的潛力，這就牽涉到我們常說的『基本面』了。它主要是分析公司的財務報表、產業前景、公司競爭力、經營團隊、估值指標等，希望能找出價格被低估、長期具有成長潛力的公司。」

他停頓了一下，繼續補充說道：「基本面好的公司，縱使因為市場因素而短期下跌，但長期股價還是會反映基本面良好的情況。投資人要懂得如何分析一家公司－從財務報表到經營模式，從產品競爭力到產業趨勢，都是需要細細觀察的地方。這也是我覺得股票投資人最需要下功夫學習和研究的部分。」

沈芮緹輕輕點了點頭，上身微微傾向王承遠，帶著些許好奇的笑意問道：「承遠叔叔，基本面是看公司本身的實力，那技術面是不是就是反映市場的情緒啊？我有一位朋友投資股票，每天都在看K線，什麼均線黃金交叉、死亡交叉，他還說他靠技術面分析短線進出賺了不少錢。」

王承遠聽了微微一笑，語氣依舊輕鬆，卻帶著一些認真的思索：「妳這麼理解也沒有錯，技術分析的確在某種程度上可以反映市場的情緒。它的核心並不是直接關注一家公司或產業的內在價值，那是基本面分析的領域。技術面分析是透過股價變化，觀察市場行進的方向。像K線、均線、量價關係，很多人用這個來抓買進或賣出的時機。不過，它比較適合短線或波段操作，也要有停損的紀律。」

黃小米靠在椅背上，將手中的咖啡杯輕輕放下，微微皺起眉，似乎在思考。她轉向王承遠，好奇地問道：「『籌碼面分析』又是什麼意思？」

王承遠轉過頭望向窗外，他的眼神似乎隨著思緒飄遠，過了一會兒，才語氣沉穩：「『籌碼面分析』，就是觀察市場上的資金流向。簡單說，就是看誰在買、誰在賣。以臺灣股票市場為例，就是觀察像是外資、投信或大戶的動向。有時候，這些人一有動作，股價就會跟著變化。」

突然，他輕輕地搖了搖頭：「雖然，籌碼面也可以幫助我們觀察市場情緒，了解資金熱度。但也不能單靠這個來決定投資，還是要搭配基本面、技術面一起看。」

「那麼，要如何用『總體經濟分析』來分析股票值不值得買？」沈芮緹輕聲問道。

「『總體經濟面分析』是從大環境看投資方向，特別適用於選擇產業或資產類別。主要是觀察貨幣政策、GDP、就業數據、消費者信心指數等，可以幫助投資人掌握整體投資氛圍與長期趨勢。有時候股價下跌不是公司不好，而是整個大環境不對。像是利率升高、通膨惡化、景氣衰退，這些都會影響整體股市的氣氛。做投資，也要看天吃飯啊。」王承遠口氣略微嚴肅：「我個人覺得，總體經濟分析是投資人應該具備的觀念及常識，建議妳們花些時間去了解與學習。」

黃小米端起杯子，輕輕啜了一口咖啡，聳了聳肩，帶著幾分無奈卻又有些自嘲的語氣說：「原來要看這麼多面向喔⋯⋯我還以為買股票就跟選咖啡豆一樣，試喝覺得喜歡、

聞起來感覺對了，就可以下單了。」

王承遠聽了忍不住大笑起來：「妳這樣也太憑感覺了啦！不過說真的，股票雖然不是用『聞』的，但要判斷它的價值，真的就像在品味，要看得懂它的來源、製程，還要考慮放久了會不會變質。」

黃小米若有所思地點點頭，然後微微皺眉，語氣帶著一點猶豫：「那如果我們買了一檔股票，結果它一直跌⋯⋯是不是應該趕快賣掉啊？」

她的聲音不大，像是在問人，也像是在問自己。

王承遠沒有立刻回答，而是靜靜地看了她一眼，斟酌該從哪個角度來解釋能讓她們理解。他稍微頓了一下，才低聲說道：「妳說的情況，有個專有名詞，叫做「停損」。這確實是一種風險控管的手段，市場上很多人會用這個方法來減少虧損、控制風險。但它並不是萬靈丹。」

他語氣轉柔，嘴角微揚，像是想讓氣氛輕鬆一點：「有時候，投資的股票是該停損，因為可以避免越賠越多；但有時候呢，股價的下跌只是受市場短暫情緒影響，根本不需要停損。聽到這裡，妳們一定覺得很兩難吧？」

王承遠雙手一攤，嘆了口氣，繼續說道：「其實，停不停損並不是重點，而是投資的那間公司，妳到底了解多少？

妳覺得它的股票還有繼續持有的價值嗎?」

沈芮緹聽完後歪著頭,嘟著嘴說:「唉!投資股票聽起來好燒腦喔,難怪一堆老師要出書開課。」

王承遠忍不住笑出聲,語氣中帶著一貫的爽朗與寬心:「股票投資方式真的是百家爭鳴,並沒有什麼百分之百正確的做法。有人靠技術分析看圖操作,有人看基本面研究公司,有人喜歡短線衝進衝出,也有人就一路抱到老。」

他微微聳肩,語氣輕鬆地接著說:「說到底,投資又不是考試,不會有標準答案。每一種做法都有它的邏輯,重點是要找到適合自己的節奏,知道自己在做什麼,也知道為什麼這麼做,這樣才不會被市場牽著鼻子走。」

沈芮緹輕聲嘟囔,像是在抱怨:「聽起來,股票有點像在坐雲霄飛車欸……刺激但心累。」

黃小米笑出聲:「真的,不注意就會翻車。」

王承遠聽了哈哈一笑,輕拍了一下桌面,語氣帶著爽朗的欣賞:「妳們這比喻倒也貼切。股票確實比較刺激,波動也大。」

他頓了頓,語氣一轉,語調放緩:「不過,投資工具可不只股票而已。其實也有一些相對比較平穩的工具。」

說著，他拿起筆，在紙上的「債券」旁畫了一個小勾：「像是債券，就是其中一種相對於股票，比較平穩的投資工具。」

「債券與股票有所不同，它是一種固定收益的投資工具。」他微微偏了偏頭，似乎在尋找恰當的詞語來解釋這個概念。

「簡單來說，債券就是你借錢給政府或公司的借條，對方會定期支付你利息，並在到期時償還本金。」

他停了一下，在紙上寫上劃下一條線，並寫下時間與包含利息與本金在內的現金流；同時也讓沈芮緹和黃小米有時間消化這個概念。

「然而，即便是這樣穩定的投資工具，依然存在風險。」

「當你購買一張債券，你成了債權人，而發行債券的政府或公司則是債務人。這意味著你每年會收到固定的利息，並且在債券到期時，你的本金也會被歸還。」

王承遠的聲音溫和而穩定，身體微微前傾，右手拿著筆輕敲桌面，一邊指著攤開在桌上的A4紙：「這些利息收入，就是債券的主要報酬來源。」

沈芮緹坐在對面，雙手捧著還冒著熱氣的馬克杯，杯緣

有些微微起霧。她的眼神專注地盯著紙上的現金流圖示，時而皺眉，時而點頭。黃小米則側著身，一手撐著下巴，注視著王承遠在紙上的說明。

「債券的價格也會變動，而它的價格變動，並不像股票那麼直觀。它會跟著市場利率變動而上下波動。」

王承遠語氣平緩地說，筆尖指著圖表上的幾條曲線，他抬頭看了看沈芮緹和黃小米，確認她們有跟上進度，他才接著說：「市場利率升高時，債券的價格會跌；相反地，利率下滑，債券價格就會漲。」

「咦？利率變高不是應該可以收更多的利息嗎？這樣應該更賺才對，」沈芮緹皺著眉頭，語氣裡透著疑惑。

她把茶杯放回桌上，手指無意識地描著一旁玻璃水杯上殘留的水珠，問道：「為什麼反而債券價格變便宜？」

王承遠笑了笑，像是早就預料到這個反應。他輕輕搖頭，語氣像午後一陣輕風：「這就跟『錢的時間價值』有關啦。市場利率升高的時候，未來的現金流會用比較高的利率去折現，現值就會變少，債券價格自然就跌了。反過來說，利率如果變低，未來的現金流會用比較低的利率去折現，現值就會變多，價格也會跟著上漲。」

看到她們還是一臉「轉不過來」的表情，他乾脆舉了個例子：「妳們這樣想好了！假設一家公司發行一張100萬的債券，利率是3％，妳每年可以拿到3萬的利息。過沒多久，市場利率升到了4％，同一家公司又發行了新債券，利率變成4％。那麼，妳們會想買3％的那張債券，還是4％的新債券？」

「當然是4％那張債券啊！」沈芮緹和黃小米幾乎是異口同聲，說完還對看一眼，忍不住笑了出來，氣氛輕鬆了不少。

「這就對了！」王承遠點點頭，語氣帶著鼓勵，「所以舊債券就變得不那麼吸引人了，市場上價格自然會往下修正，這樣它的實際報酬率才有機會跟上來。」

「原來是這樣啊……要轉個彎才能理解欸。」沈芮緹喃喃說著，「債券比我想像中的複雜耶，我本來以為只是買來收利息就好了。」她拿起筆在筆記本上寫下一些東西，試圖把剛才的邏輯理出一些規則。

「沒錯，很多人都會有這種想法。」王承遠語氣不疾不徐地說道。

「債券分析的確包含一些比較複雜的數學計算式及時間價值的觀念。不過，妳們只要先記得最基本的一點就好──

債券價格跟利率是反向關係。一般而言，如果市場預期中央銀行未來可能會升息，市場利率通常會上升，債券價格會下跌；相反的，如果預期會降息，則市場利率通常會跟著下跌，債券價格就會上漲。」

黃小米聽後若有所思，筆尖在筆記本上一下一下輕點著，像是在替腦中的想法打節拍。她抬起頭，眼神比剛才更明亮：「那麼，除了要留意中央銀行升息和降息對利率變動的影響外，債券還有什麼風險呢？」

王承遠的眼神跟著變得更專注，語氣也慢慢沉了下來。他把筆放回桌上，雙手交握，身體稍稍往後靠，靠背輕輕發出一聲細響。

「其實債券的風險是多方面的。」

他停了一下，在腦中釐清思緒，接著在紙上寫下一連串的名詞：

利率風險、信用風險、匯率風險、再投資風險、流動性風險……

「最需要注意的，是『信用風險』，也就是發行債券的政府或公司，有沒有辦法按時還錢，會不會倒帳。如果對方財務出狀況，那可就麻煩了。」王承遠提醒著這個風險，因為這是許多債券投資人會輕忽的重點。

沈芮緹聽到這裡，眉頭不自覺皺起來，眼神頓時變得有些警覺，她追問道：「倒帳？那不就會血本無歸？」

王承遠點點頭，語氣平穩，沒有嚇唬人的意思，而是在提醒一個債券投資不可忽視的現實：「對啊。很多人以為債券投資不需要花太多心思去研究，每年收固定利息，到期拿回本金，這聽起來很安心對吧？但這一切的前提是：對方不會倒帳。」

他搖了搖頭，眼神望向窗外被雨絲打濕的綠意，像在回憶什麼，也像在沉思：「在經濟好的時候，很多人只挑利率高的債券做投資，完全沒管發行方的信用狀況，一旦景氣反轉，問題就來了。」

他語氣低沉了一些，像是在說給學生聽，也像在提醒自己：「有時候投資人血本無歸，不是因為運氣差，而是根本沒做功課。其實，債券就跟股票一樣，還是要花時間了解發行公司的財報、產業狀況，甚至信用評等的變化。」

沈芮緹與黃小米安靜地聽著王承遠語重心長的提醒，乖乖地做著筆記，是二個被訓話的小學生。

看到眼前二位小女生略為嚴肅的表情，王承遠笑了笑，語氣放鬆了一些：「債券的銷售單位當然也有責任要提醒投資人留意風險啦，但最後下決定的還是投資人自己。投資這

種事，不能只依賴理專的說明，畢竟錢是自己的，要為自己的錢負責。」

他想起幾次債券市場因為系統性風險大跌後，少數不理性投資人的抗議索賠行為，眼底閃過一絲複雜的情緒，不禁搖了搖頭，像是不願多談這一段過往。

他喝了一口水，杯中水面微微震盪，潤了潤喉嚨：「債券投資還有一個常被投資人忽略的，是『匯率風險』。如果妳買的是美元計價、日圓計價的債券，那最終換回臺幣時，還得看匯率怎麼走。」

他轉了轉手中的筆，筆尖輕輕點了點桌面：「舉個例子，如果用臺幣買了一檔美元債，利息雖然領到了，但等妳要把美元換回臺幣時，剛好新臺幣升值了，那麼妳兌換到的臺幣可能就比原本預期的少，這時，就會產生『匯兌損失』。」

沈芮緹輕輕點了點頭，一邊記著筆記，一邊喃喃地說：「所以，投資海外債券不只要看債券本身，還得關注匯率走勢……」

黃小米則抿了口茶，視線還停留在剛才王承遠寫的幾個風險名詞上，彷彿想將那些文字慢慢轉化為更深一層的理解。

王承遠放下水杯,手指輕敲桌面:「再來是『再投資風險』。這個名字聽起來有點抽象,但實際上還滿常遇到的。」

他看著她們的表情,像老師確認學生有沒有跟上,接著補充:「舉例來說,妳每年從債券投資收到的利息,其實可以再拿去做其他投資。但如果那時候市場利率變低了,妳可能就找不到利率相同的標的,結果整體收益就會被拉低。」

黃小米聽得認真,視線掃過筆記紙上的幾行字,眉頭微微皺起,忽然指著最後一行:「那⋯⋯這個『流動性風險』是什麼意思啊?」

王承遠聞言笑了笑,眼神裡透出一點欣慰與鼓勵,像老師看到學生主動提問那樣。他坐直身子,身體微微前傾,語調輕鬆但依然專業:「這個也很重要。」

王承遠伸手拿起桌上的筆,輕敲了一下桌緣,像是在整理思緒。

「流動性風險的意思是,如果妳想把債券賣掉變現,市場上卻沒有足夠的買家,那可能就得賣比較久,或是只能用比較不理想的價格賣出。」他手掌攤開,像是捧著什麼無形的概念,「尤其是那種比較冷門、交易量小的債券,這種情況就更容易發生。事實上,其他投資工具,像是股票也可能面臨流動性風險,也是需要留意的。」

說完這段，他稍微靠回椅背，指節輕輕敲著桌上的紙張：「債券雖然常被投資人當成是穩健投資的選項，但它其實真的沒那麼簡單。」

一陣風從窗縫中鑽進來，吹得桌上的紙張微微翹起。王承遠伸手將紙張壓住，並用筆指著上頭的名詞強調：「債券的確不像股票那樣大起大落，但也不是完全無風險。信用風險、利率風險、匯率風險、再投資風險、流動性風險⋯⋯這些都是投資前要先搞清楚的事。不要看到利率5％、6％的債券就衝動投資，得問問自己，了不了解背後的風險，承不承擔得起。」

沈芮緹一邊記下重點，一邊輕輕嘆了口氣，嘴角勾起一抹帶點無奈的笑：「原本以為債券很『佛系』，現在才發現它其實是個麻煩角色啊。」

黃小米也跟著笑出來，拿起筆比劃著自己剛剛畫的重點記號：「我一直認為債券是定存的替代品，覺得收利息會有什麼風險？現在才知道，還得顧慮這麼多變數。」

王承遠聳了聳肩，嘴角也彎起來，露出他那標誌性的爽朗微笑：「投資世界就是這樣，每一個看起來簡單的東西，背後都有很多細節。了解越多，越能安心一點。這就是為什麼一直提醒妳們要慢慢學、慢慢累積。」

他語氣一轉，眼神望向窗外的灰白天色，像是思索著什麼：「而且，不管是股票還是債券，都可以透過『分散投資』來降低風險。不過呢……」

他轉回頭，語氣多了一絲強調的味道：「對大部分人來說，要自己研究個股或債券可能不太容易，而且資金也有限，沒辦法買到很多不同的標的，這時候，共同基金就是一個不錯的選擇。」

他拿起筆，指了指紙上的一行字，語速稍微加快，彷彿講到熟悉的領域：「共同基金的概念就是，很多投資人的錢集合起來，由專業的基金經理去操作。他們會根據市場狀況，把這些資金分散在股票、債券，甚至是海外市場或特殊產業裡，來降低單一標的對整體報酬的影響。」

黃小米眨了眨眼睛，臉上浮出一絲小小的驚喜：「這樣聽起來好像比較安全耶？」

沈芮緹也點點頭，推了推鼻樑上的眼鏡：「對啊，有專業經理打理，感覺上獲利應該也比我們自己投資要來得好。」

王承遠先是點點頭，旋即又搖搖頭，嘴角露出一個有點促狹的笑容：「原則上是這樣沒錯，專業經理人比一般人更有經驗、也有更多市場資訊，可以即時調整投資組合，這對

風險控管來說的確是一個優勢。但是，共同基金也是有需要留意的風險喔。」

他手指敲了敲桌面，像是每一下都敲進兩位學生的腦袋裡：「首先是市場風險，這是最常見的風險之一。共同基金投資的就是市場上的有價證券，它的表現當然會受到市場整體走勢的影響。如果市場下跌，基金的回報也有可能跟著下跌。即便是分散投資，受市場大環境影響所產生的波動，仍然無法避免。」

沈芮緹皺了皺眉，抬起頭問道：「反過來說，市場指數上漲，基金也一定會跟著漲？」

「不一定。」王承遠語氣穩定，舉起手輕輕比了一下上下波動的手勢，「市場上漲的時候，原則上，共同基金的回報也會相對提高，但這也取決於基金經理的選股或選債能力。有時候，可能會發現明明市場指數是上漲的，但自己投資的基金淨值卻是下跌的，或是漲幅跟不上大盤指數。」

他語調微頓，又補了一句：「這就是共同基金的另一個風險，即經理人管理的風險。回報的高低與基金經理的選擇和操作息息相關。基金是由人操盤的，基金經理人再厲害，也沒辦法保證一定賺錢。如果基金經理判斷錯誤或換人操作，績效可能會不如人意。」

「另外，基金投資也可能面臨流動性風險。」他語速稍微放慢，手肘支在桌面上，十指交扣。「有些基金投資的是比較難變現的資產，像是不動產或新興市場，如果遇到市場動盪，想贖回也可能會被延遲或影響價格。」

他低頭瞄了一眼筆記，補充道：「還有一點大家容易忽略的，我不想稱它為風險，但它的確會影響到基金的報酬表現。那便是基金的費用。」

他抬起頭，眼神堅定地看著兩人：「基金通常會收取經理費及保管費，如果你買的是主動型基金，但它的績效長期沒有打敗市場，除了可能是因為經理人的績效不好所導致，也可能是投資的基金的費用相對比較高的緣故。」

黃小米瞪大眼睛，像是剛發現藏在盒子裡的祕密：「哇，那感覺選基金也很有學問耶！」

王承遠靠著椅背，語氣溫和地笑了笑，彷彿對這樣的反應早已習以為常：「沒錯，選擇共同基金時，投資者應該全盤考量，了解不同基金的管理費用、投資標的、基金經理的操作風格，以及過去的表現。」

他略作停頓，伸手拿起茶杯抿了一口，彷彿思索著怎麼用更簡單的方式說明，「還有，投資者也要了解自己的風險承受能力，選擇最適合自己的基金。」

沈芮緹一邊聽，一邊在筆記本上飛快地寫下重點。她抬起頭，眼神中帶著一絲求知的急切：「那有沒有比較不用擔心經理人操作失誤的基金？」

王承遠點點頭，視線落在窗外風輕輕吹動的樹影，語調平穩：「雖然，基金的挑選是一門學問，不過，如果只追求和市場指數差不多的報酬率，可以考慮ETF，就是被動式追蹤指數的基金，費用比較低，風格也比較透明，這也是臺灣近年來相當熱門的投資工具。」

沈芮緹微微皺眉，放下手中的筆，像是在回想曾在哪裡聽過這個詞，「ETF？我聽過這個名詞，但說實話，我對它了解不多。」

黃小米也點點頭，身子往前傾了些，眉頭微微皺起，「對啊，很多朋友都說ETF很方便，也常聽到有人定期定額買進ETF。但我搞不太清楚，它到底是像股票？還是像基金？」

王承遠微笑著，像是早就習慣這個問題的出現。他抽出一張新的A4紙，邊書寫邊開口：「ETF，全名叫做Exchange Traded Fund，也就是『交易所交易基金』。它的結構跟共同基金有點像，都是把很多人的資金集合起來，再由基金公司去投資一籃子資產，比如股票或債券。」

他頓了頓，視線來回看了看兩人，確定她們還跟得上節

奏。

「但和一般基金不一樣的地方在於，ETF可以像股票一樣，在交易時間內用市價買賣，不用像傳統基金那樣等到收盤才知道淨值。」

沈芮緹的眼神瞬間亮了起來，像是突然打通了一個盲點：「原來是這樣！所以我也可以像買賣股票一樣，早上才買、下午就賣？」

「沒錯。」王承遠點點頭，語氣溫和中帶著一點鼓勵，「ETF的彈性就來自這個特點，適合想要靈活操作的人。而且多數ETF是『被動式』的，它們不會由經理人主動挑股票，而是追蹤某個指數，像是臺灣加權指數、標普500、NASDAQ100⋯⋯這樣的被動型ETF的好處是費用率相對低，也比較透明，投資人清楚知道它跟著什麼市場指數走。」

黃小米歪著頭，食指輕輕點著桌面，像是在腦中消化剛吸收的新知識，「那它的風險呢？感覺好像滿穩當的？」

王承遠嘴角微微上揚，像是在等待這個問題很久了：「很多人有這種感覺，但實際上，ETF也是會跟著市場波動的。當整個大盤下跌時，它自然也會跌；尤其是那種主題型、行業型的ETF，比如只投資科技股、綠能、半導體之類

的,波動會比整體市場來得大,集中風險比較高。」

他稍作停頓,手指輕輕在桌面敲了兩下,像是提醒:「還有,雖然ETF是低成本投資工具,但因為它像股票一樣在交易所買賣,你在買賣時還是會產生交易手續費,甚至遇到價格偏離淨值的情況。特別是在市場不穩的時候,買到的價格可能比ETF投資組合的實際價值來得高或低,這時就產生了折溢價問題。簡單來說,也就是有買貴的可能。」

沈芮緹若有所思地點點頭,眼神從筆記本抬起,慢慢地說:「這樣說起來,ETF好像是介於股票和基金之間的東西?」

「可以這麼說,」王承遠笑了笑,語氣中帶著一絲讚許,「它的設計結合了兩者的優點。對於一般投資人來說,如果你沒辦法一次買很多支股票,又不想每次都花很多時間研究個股,選一檔ETF做長期投資是個不錯的方式。」

黃小米點點頭,忽然像想到什麼似地眼神一亮:「那是不是買指數型ETF就一定比較安全?」

「原則上,指數型ETF的確比較穩健,但還是要看你買的ETF追蹤的是哪個指數。如果是全球市場的,像是ACWI或VT,它的分散程度高,風險也相對低;但如果你選的是像0050『臺灣50』這種,就還是偏重單一市場,風險會集中在

臺股身上。所以挑選時還是得看自己的投資目標和風險承受度。」

他笑著補充，聲音裡有一絲調侃：「有些ETF甚至用槓桿來操作，像是兩倍做多、反向ETF，那些就更不適合初學者了。看起來刺激，實際上風險也大得多。」

沈芮緹輕輕點頭，視線落在王承遠剛才畫的圖表上，筆尖停在半空中，神情專注而沉靜。

「所以說啊……」王承遠收回視線，語氣輕柔但堅定地說：「與其追求短期報酬，不如花點時間選對工具，然後長期投資、耐心等待。ETF是個好工具，但要用得對，才真的能發揮它的價值。」

黃小米嘆了一口氣，雙手交握放在膝上，語氣帶著一點無奈又帶點釋然的笑意：「我原本也以為ETF就是買了就放著，沒什麼需要管的……原來還是有不少學問。」

王承遠笑得更柔和了些，像是聽見學生終於理解的老師，「唉，投資從來都不是『買了就放著』，都是需要花時間去學習，去管理的。」

窗外的雨勢漸大，雨聲滴滴答答地落在屋簷邊，像是配合著屋內安靜的氣氛。天色暗了些，昏黃的燈光灑落在木質桌面上，柔和又溫暖。黃小米微微側著頭，視線落在紙上那

個熟悉的字眼:「房地產」。她手指輕輕滑過杯緣,嘴角浮起一抹苦中帶笑的表情。

「承遠叔叔,我其實有買房,現在正揹著房貸,」她聳了聳肩,語氣帶點無奈,「雖然我常安慰自己,這是強迫儲蓄,但每個月繳貸款就像餵一隻永遠吃不飽的小怪獸,真的很吃力。有時候還會想,當初是不是衝動了⋯⋯也不太懂為什麼大家那麼愛投資房地產。」

她說完後低頭喝了口咖啡,臉上浮現一絲自嘲。

王承遠點點頭,神情溫和,像是對這類話早已聽過許多回。他語氣平靜地開始拆解一個多年來被習以為常的觀念:「對很多人來說,房子就是實體資產,『摸得到、看得到』,比股票這種數字跳來跳去的投資來得安心。再加上地狹人稠、土地有限,大家都會覺得長期來看,臺灣的房價一定會漲,有增值的空間。尤其是在一些重劃區或新開發的地方,的確有可能賺到價差。」

黃小米皺了皺眉,指尖無意識地在桌面畫著圈圈,像在和心裡某種不確定拉扯。她低聲說:「但我感覺⋯⋯沒有那麼簡單耶。」

王承遠笑了笑,沒有急著回答,而是稍微往椅背一靠,像是準備好慢慢道來,「妳說得沒錯。房地產雖然表面上看

起來比較穩,但它的流動性比較差,一但需要現金的時候,房子也不是說賣就能賣。況且,進場門檻也高,房貸壓力、修繕成本、房屋稅、持有稅、空屋期間的租金損失……這些都不是那麼輕鬆的事。」

他看向黃小米,語氣多了點關懷,「妳現在在繳房貸,應該最清楚那種『錢還沒進來就先被房貸吃掉』的感覺。這也是很多人容易忽略的風險,即現金流壓力。」

沈芮緹在一旁靜靜聽著,她放下筆,輕輕將紙張移開,目光悄悄地觀察著黃小米的表情。雖然語氣苦惱,但芮緹感覺得出來,她的眼神裡透著一種「咬牙也要撐下去」的堅定,那是年輕人特有的不服輸。

「那如果不是要自住,只是想靠投資房子賺錢,是不是就更難了?」黃小米像是自言自語,也像在尋求答案,她抬起頭看著王承遠,眼神中浮現一絲迷惘。

王承遠點點頭,語氣平實卻不失溫柔,「是啊,現在靠出租賺租金的報酬率大概只有2％左右,扣掉稅金和空屋期間,其實利潤不高。目前房價已經漲到一個程度,想要像過去一樣價格翻上幾倍,不能說不可能,但真的不是那麼簡單的事了。」

他補充道:「如果是做資產配置,房地產可以是一部

分。但若把所有資金都壓在一間房子上，風險就太集中。」

沈芮緹點點頭，腦海裡浮現爸媽常說的「有土斯有財」，她輕輕喃喃：「可是有土，也有壓力啊……」她的聲音輕得幾乎只自己聽見，卻像不經意說出了心底的感觸。

「簡單來說，我個人覺得，買房還是以自住為主要目的較好，若真的想要當作投資，必須考慮三個主要風險。」王承遠語氣穩穩地說，「第一是市場風險，政策、景氣、人口變化都會影響房價。第二是流動性風險，房子不像股票能即時變現；第三就是財務風險，若是用貸款買房投資，如果遇到升息或收入中斷，壓力會很大。」

黃小米沉默了一下，低頭看著桌面，指尖繼續繞著咖啡杯邊畫圈。她皺起的眉頭彷彿思緒糾結了一團。沈芮緹瞥了她一眼，像是想開口又靜靜等著她自己消化。

窗外的雨聲還在滴滴答答，像是不急著停，也不想打擾人思緒。

「那……」黃小米終於開口，語氣有點猶豫，「有些人會講『以房養房』，這樣會不會是一種比較好的方法？」

王承遠放下手中的茶杯，嘴角浮起一抹若有似無的笑，「『以房養房』聽起來很理想，簡單說就是拿房子的租金來付房貸。」

他稍微頓了頓，望了眼窗外的雨絲，語氣像是想慢慢地把藏在日常裡的現實拆開來看，「但前提是，房子要租得出去，而且租金要夠高，才養得起。」

他稍微停頓，目光望向窗外，彷彿在思索著這種方式的深層意涵。「這樣的策略，在市場較為穩定的時候，確實可以減少投資者的現金壓力，並能夠在不斷增長的資產中獲得穩定的回報。然而，這種方式就是加大槓桿操作，我們剛剛提到的投資房地產的風險都會放大。」

他再度停頓，語調低了一些，像是講給兩位年輕人，也像是在提醒曾經的自己，「總的來說，『以房養房』需要謹慎操作。如果市場穩定，租金能夠穩定，這是一種可行的策略。不能否認，有些人的確是用這種方式累積了不少財富。然而，一旦遇到市場下行，或者是其他突發情況，投資者就需要有足夠的承受力和風險控制能力。」

沈芮緹點點頭，「我懂了。雖然『以房養房』看似是一個聰明的策略，但實際上風險並不小。」

王承遠微笑著點頭，「對，正是如此。房地產投資有它的優勢，但也有不小的挑戰。對於投資者來說，能夠準確評估自身的財務狀況，以及市場的變化，才是成功的關鍵。」

兩位學生靜靜地聆聽，空氣中充滿了思考的氛圍。沈芮

緹不自覺地拿起筆在筆記本上寫了幾個關鍵字，黃小米則輕輕扶著下巴，眼神略顯沈思。

王承遠輕輕推開面前的茶杯，茶水已微涼，杯緣凝著一層霧氣。他的手指沿著杯緣轉了一圈，像是在感受那股微弱的溫度，低頭思索了一會兒。他抬起頭，目光柔和地看向坐在桌前的兩個年輕人，燈光下，他的眼神帶著一種寬容的溫度。

「除了剛剛聊到的那些基本投資工具，市場上其實還有很多不同的選擇。」他的語氣很平穩，像是在講一件老朋友間熟悉的事，「每一種工具，都有它的魅力，也有它的風險。」

「像是外匯投資，是指交易不同貨幣之間的價值差異。簡單來說，就是你買進某種貨幣，並在它的價值上升後賣出，從中賺取價差。」

沈芮緹輕輕眨了眨眼，眼神閃過一抹好奇，身子往前靠了靠：「這聽起來似乎不會太難耶，能簡單說一下它的優缺點嗎？」

王承遠稍微停頓了一下：「外匯的優點在於，它的市場流動性極高，交易時間長，能夠隨時進行操作。這意味著你有更多的機會獲利。」

他望向兩人，語氣略微轉為嚴肅，語調中夾帶著提醒意

味。「不過,它的缺點也同樣明顯,波動大,風險高。貨幣的價值可能在短短幾分鐘內劇烈變動。」

黃小米皺起眉頭,把手中握著的咖啡杯輕輕放回桌面,杯底碰觸桌面時發出一聲輕響。她抬起眼,眼神帶著一絲疑慮,「那風險有多大?」

王承遠的眼神變得深邃,像是看見了許多曾在這條路上跌跌撞撞的身影。他輕輕吸了一口氣,語氣中多了一層沉思的分量。

「外匯的最大的風險來自於匯率的劇烈波動。如果你無法準確預測市場動向,可能會面臨重大的損失。特別是使用槓桿時,風險會被放大。」他雙手交握,放在桌上,語氣依舊平和,「所以,外匯投資需要極高的市場敏銳度與風險控制能力。」

他頓了一下,轉頭望向窗外雨絲交織的景色,像是也被這細雨引出了更多感慨。「也正因為如此,外匯市場的風險同樣巨大。你需要對全球經濟動向、各國政策變化保持敏感,這樣才不會被突如其來的波動所困擾。」

他轉回頭來,眼神望向黃小米與沈芮緹,語氣像是提醒:「並不是所有人都適合這樣的市場。」

Chapter 8 因為懂,所以才能慢慢累積

沈芮緹輕輕點了點頭，指尖在大腿上輕畫著圈圈「的確，這種波動感覺起來有點可怕耶。」

他補充說：「其實，很多人在做外匯投資時，只單看貨幣的利率高低，這其實是蠻危險的一件事。像以前不少人會投資澳幣或南非幣，因為利率高，他們覺得可以收更高的利息。」

王承遠停了一下，像是在回憶那些年的狀況。「當時澳幣和南非幣真的吸引了不少人。」他望向遠方，語氣略帶感慨，「看起來持有這些高利率貨幣可以穩穩領利息，可是，事情沒這麼簡單。匯率的變化，很容易就把利息的收益給吃掉了。」

沈芮緹聽得入神，歪著頭問：「所以……就算利息高，也不代表是好投資？」

「沒錯。」王承遠點了點頭，語氣帶著點提醒。「我舉個實際的例子，你們可能會更清楚外匯的風險是怎麼來的。」

他伸手擦了擦窗臺邊緣的水珠，目光輕輕往外看了一下，然後轉回來說：

「2007到2008年，澳幣兌美元的匯率大概是0.85左右，那時候澳洲的利率有7%以上，很多人覺得：欸，放個錢進去，每年領個7%利息不是挺不錯的嗎？」

沈芮緹輕聲「嗯」了一下，像是也覺得這聽起來滿誘人的。

王承遠笑了笑，然後語氣一轉，眼神也銳利了一些：「但問題來了，2008年金融風暴一爆，澳幣直接大貶。到2009年初，匯率跌到剩0.60左右，短短一年多，貶了超過三成。」

他稍微停了停，讓她們有時間反應，然後接著說：「妳們想喔，就算那時候有領到7％的利息，10萬元澳幣的存款，一年利息收入也不過7,000澳幣。但匯率貶掉三成，相當於你手上的資產瞬間少了3萬澳幣，利息完全補不回來。」

黃小米倒吸一口氣，眉頭皺起來，「哇……這樣還真的虧蠻多的，那南非幣也是類似的情況嗎？」

「差不多，甚至更劇烈。」王承遠搖搖頭：「2007年，美元兌換南非幣的匯率大概是7，當時利率快10％。但到了2009年，南非幣的匯率貶到12.5左右，幾乎腰斬。」

他語氣變得嚴肅一些：「雖然帳面上每年有10％的利息收入，可是如果整體資產因為匯率貶值掉了四成，還是會虧本。這就是外匯投資裡面比較容易被忽略的地方。」

沈芮緹稍微坐直一點，眼裡多了一點認真，「承遠叔叔，若是以長期持有的角度來看呢？複利效果之下，實際報

酬率會不會沒有那麼差？」

「對啊！」黃小米也跟著接話，「我之前也有聽說過，有人就靠這兩種貨幣領息過生活，他們覺得只要利息有進帳，本金就先放著，反正沒賣就不算虧。」

王承遠看著這兩張真誠的臉，嘴角帶著一點溫和的笑意，又帶點無奈，「妳們的問題很好，這的確也是很多人在做外匯投資時會有的迷思。」

他轉了轉手上的茶杯，像是在慢慢釐清要怎麼說得更清楚。「不過，從長期角度來看，還是要回到一個重點，即匯率的趨勢，會決定你的實際報酬。複利的確有幫助，但如果本金在大幅縮水，複利效果可能也撐不起來。我們來看一下，這兩種貨幣在過去的走勢，就會更清楚了。」

王承遠望向窗外，細細的雨絲敲打著玻璃窗，像是在輕聲細語。屋裡瀰漫著剛沖好的咖啡香，讓人有點想發呆。他轉過頭，看向沈芮緹和黃小米：「現在，讓我們以實際數據來看看，考慮到小米剛剛提到的以收利息來維持生活費的概念，這必須要用單利計算，因為收到利息就會當生活費花掉。如果在2007年開始投資澳幣和南非幣，持有至2024年底，整體的投資報酬會是如何？」

他迅速整理了一下桌上的A4紙，開始解釋：「為了簡化

計算內容，我們假設用單利來計算、利息收入沒有再投資。首先，以澳幣為例。2007年，澳幣兌美元的匯率約為0.85。假設當時投資者以10萬美元購買澳幣，這將換得約11.76萬澳幣。當時，澳洲的利率較高，年利率約在6%至7%之間。若以平均6.5%的年利率計算，17年間的總利息收入約為12.8萬澳幣。這樣，投資者在2024年底共持有約24.56萬澳幣。」

他停頓了一下，讓兩位女孩消化這些數字，然後繼續：「然而，匯率在這段期間發生了變化。根據資料，2024年12月31日，澳幣金兌美元的匯率約為0.6185。將24.56萬澳幣兌換回美元，約為15.19萬美元。這意味著，17年間，投資者的總收益約為5.19萬美元，總報酬率約為51.9%，年化報酬率約為2.43%。」

沈芮緹輕輕點頭，眉宇間透出思索的神情。黃小米則微微皺眉，努力讓自己的思緒跟上王承遠的速度。

王承遠接著說：「再來看看南非幣。2007年，美元兌換南非幣的匯率約為7.00。假設同樣以10萬美元投資，當時可換得約70萬南非幣。南非的利率較高，年利率約在8%至10%之間。若以平均9%的年利率計算，17年間的總利息收入約為17.3萬南非幣。這樣，投資者在2024年底共持有約87.3萬南非幣。」

他再次停頓，給予時間思考，然後繼續：「然而，匯率的變動對投資結果有重大影響。2024年，美元兌換南非幣的匯率在17.116至19.295之間波動。若以平均匯率18.2計算，將87.3萬南非幣兌換回美元，約為4.8萬美元。這意味著，投資者在17年間實際虧損了約5.2萬美元，總報酬率為-52％，年化報酬率約為-4.3％。」

「哇塞，也太扯了吧！」黃小米睜大眼睛，「這麼高的利率，結果還是虧喔？」

「對啊！這真的太難以置信了，我現在了解了為什麼外匯投資風險大，因為連長期持有都可能負報酬。」沈芮緹同時也驚呼道。

她想，那些之前有投資這兩種貨幣的投資人，應該很揪心肝吧！

王承遠笑了笑，像是早就預料到她們的反應。

「接著我們來看看考慮複利後，情況會如何。」

隨即他又在手機上查詢複利終值表的相關資料，並低頭在A4紙上計算了一陣子後，把紙翻轉給她們看，上面清楚列出兩種情境的複利計算結果：

澳幣（AUD）複利計算：

初始投資：10萬美元（換得約11.76萬澳幣）

假設平均年利率：6.5％

17年後本金＋利息：11.76 × 2.917 ≒ 34.30萬澳幣

→（2.917是6.5％，17年的複利終值）

匯率（2024年底）：0.6185

換回美元：34.3萬 × 0.6185 ≒ 21.21萬美元

總報酬率：約112.1％（年化報酬約4.5％）

南非幣（ZAR）複利計算：

初始投資：10萬美元（換得約70萬ZAR）

假設平均年利率：9％

17年後本金＋利息：70 × 4.328 ≒ 302.96萬ZAR

→（4.328是9％，17年的複利終值）

匯率（2024年底）：18.2

換回美元：3302.96萬 ÷ 18.2 ≒ 16.65萬美元

總報酬率：約66.5％（年化報酬約3.0％）

「你們看，換成複利之後，結果會好一些。」他拿筆輕點紙上的數字。「尤其是澳幣，在複利的影響下，年化報酬為4.5％。南非幣雖然還是有匯率風險，可是透過利息的累積，

Chapter 8 因為懂，所以才能慢慢累積　225

雖然沒虧錢,但也沒有預期的好。」

「所以結論是……」芮緹看著數字,小聲說。

「結論就是啊,外匯投資不能只看利率,匯率變化才是決定命運的關鍵。」王承遠說完,喝了一口已微涼的茶水,語氣仍舊溫和:「另外,這也再度證明,複利對投資的影響有多大。」

說到這裡,他忍不住笑了出來,「啊!我的說明是不是讓外匯聽起來變得很恐怖?」

黃小米笑著搖搖頭:「不會啦,是我們太天真了,還以為只要選高利率就穩穩賺～」

王承遠笑了笑,嘴角帶著一絲若有所思的弧度。他將手邊的茶杯輕輕推遠一些,像是在為即將進入的話題騰出空間,也像是準備好慢慢揭開另一層世界的樣貌。

「事實上,我個人並不鼓勵投資新手積極介入外匯投資,因為它需要考慮的因素確實較為廣且複雜。」他語氣不急不徐,像是怕嚇著兩個女孩,「而接下來要聊的投資工具,風險也比較高。」

他的眼神微微凝住,略顯嚴肅,「例如衍生性金融商品。這些工具不像直接的股票或債券,它們是基於其他資產

而產生的工具，比如期權和期貨。它們提供了較高的槓桿，讓投資者能以較少的資金，承擔較大的市場波動。」

說到這裡，他輕輕靠回椅背，食指輕敲著膝蓋，語氣也跟著沉了些：「但是，這些工具並非人人都能駕馭。在帶來高回報的同時，也可能迅速吞噬你的資金。因此，這些工具需要更高度的專業知識與敏銳的市場洞察力。」

沈芮緹身子微微前傾，她聽得專注，眉頭微蹙。然後，她輕輕點了點頭：「聽起來的確不太適合我們現在這個階段呢……」

「沒錯。」王承遠看著她，眼神裡多了一份欣賞，語氣也柔和地肯定道，「對剛起步的人來說，先把基本功打穩，比較實在。」

他略作停頓，眼神閃過一絲頑皮似的光芒，語氣忽然輕快了些，像是想換個口味似的轉了個話題：「另外，現在也有一些比較新的投資工具，比如加密貨幣。像比特幣、以太幣這些，應該有聽過吧？」

他話音剛落，黃小米立刻像被點燃一樣坐直了身體，眼睛瞪得圓圓的，語氣興奮地說道：「有啊有啊！之前我朋友還叫我買比特幣，他說漲很快耶！」

她的聲音裡帶著一種介於興奮與疑惑的混合情緒，像是對這個領域既感興趣又有點拿不定主意。沈芮緹則忍不住笑了，輕輕搖搖頭，感覺像是看到黃小米在投資這條路上，偶爾會忍不住「衝動性購買」的樣子。

　　王承遠笑著搖搖頭，像在看一個正要衝進大海中衝浪的孩子，「加密貨幣的確很熱門，報酬也可能很驚人。但它的風險也不小喔。價格一天之內可以大起大落，有時根本沒有規律，同時，它還沒有什麼明確的監管，對一般投資人來說，其實風險真的過大。」

　　黃小米嘟起嘴，有點不甘心地說：「唔……可是它真的看起來好有未來性……」

　　「我知道妳對新東西很感興趣，這也是未來金融市場極可能持續發展的一個方向。」王承遠笑著安撫她，「不過就像玩雲霄飛車，有刺激感，也要確定自己能坐得穩，不然很容易被甩下來。」

　　他最後看著兩人，再度語重心長地提醒：「每一種投資工具都有風險，也都有機會。重點不是哪個報酬高，而是你們的個性、生活目標、能承擔的風險程度，哪一種最適合你們。」

　　「承遠叔叔，如同你剛剛提到的，投資都有風險，除了在

投資前要學習相關知識並了解自己的風險承受度外,有沒有什麼方式可以讓這些投資風險消失?」

沈芮緹說著,邊將手中的茶杯輕輕放回桌上她回想著今天整個下午的對話,語氣雖輕,卻透著一股認真的思索。

「這個問題非常好。」王承遠點了點頭,語氣中帶著欣賞的語調。他微微往前傾身,像是要更貼近她們的疑問。「我個人認為資產配置是一個很好的方式。還記得我們剛剛提的共同基金及ETF嗎?它們就是幫助投資人分散單一證券投資風險的選擇。不過,若能加上資產配置就更好了。」

窗外的細雨輕輕敲打著玻璃,水珠沿著窗邊緩緩滑落,像時間靜靜延展開來。玻璃映出室內柔黃的燈光,與三人圍坐的身影重疊交織,空氣中瀰漫著一種沉穩而溫暖的寧靜。

王承遠看著兩位女孩,語氣平和地繼續解釋:「資產配置的概念,其實就是將資金分散投資在不同類型的資產上,例如股票、債券、房地產,甚至現金或黃金。這樣做的目的,是為了降低單一資產投資的風險。」

黃小米此時一手托著下巴,眼睛專注地盯著王承遠,像是在咀嚼每一句話的意思。她皺了皺鼻子,好奇地問:「那這樣是不是就不會虧錢了?」

王承遠輕笑,搖了搖頭,「不能這麼說。資產配置不是

Chapter 8 因為懂,所以才能慢慢累積　　229

讓風險消失，而是讓它變小，變得更容易被管理。」

「舉個例子，如果你把所有的錢都投資在股票市場，當市場崩跌時，你的資產也會大幅縮水。但如果你有一部分資金配置在相對穩定的債券或現金，整體影響就會比較小。」

黃小米歪著頭，眉毛擰成一團，思索片刻後小聲嘀咕：「那麼，我們可以怎麼做呢？會不會很難？」

她看向沈芮緹，像是在尋找某種認同或依靠，而沈芮緹則回以「我也有相同問題」的微笑，輕輕點了點頭。

「資產配置最簡單的概念，就是要配置不同的資產。一般人其實不需要太複雜的配置，可以先從最簡單的『股債平衡』開始，比如六成投資股票、四成放在債券。這樣可以在市場上漲時享受成長機會，在下跌時有一定的保護。如果風險承受度較低，可以增加現金或債券的比例；如果比較積極，則可以提高股票的配置。」

他頓了頓，眼神在兩人之間流轉，像是師長，也像是朋友，「最重要的是，定期檢視自己的投資組合，根據目標與市場變化來調整。」

沈芮緹聽得入神，眼睛閃著光，輕輕眨了眨，「聽起來還滿有道理的。」

黃小米眼睛轉了轉，隨即露出一抹笑意，「所以關鍵是分散投資，而不是把所有的錢放在同一個地方對吧？」

「沒錯。」王承遠點點頭，語氣篤定，「資產類別的多元化當然也十分重要。不同資產的表現受不同因素的影響，跨越多種類型的資產可以有效降低單一市場變動對整體投資帶來的衝擊。這樣才能在不同市場環境下，保持資產的穩定增長。」

「有沒有需要留意的地方？」黃小米的聲音帶著一點遲疑，彷彿腦海裡還在咀嚼剛剛吸收的知識。

「關於資產配置，的確是有幾個重點是需要特別留意的。」

王承遠放下手中的茶杯，杯身與木質桌面碰撞出一聲輕響。「首先，最重要的是風險承受度的評估。每個人對風險的接受程度不同，因此在配置資產之前，應該先了解自己的風險耐受度，這樣才能確保投資組合不會超出自己心理能夠承受的範圍。」

「那麼，如果我們不確定自己的風險承受度該怎麼辦呢？」沈芮緹抬起頭，語氣帶著些許不安與求知的誠意。

王承遠微微一笑，那是一種理解又帶點溫柔的笑容，「網路上其實有類似的問卷分析可以提供參考結果，不過這真

的只是參考而已。」

他身子微微往後靠著椅背，雙腿交疊，目光投向窗外像是看著遙遠的記憶，「我見過有些人在做過分析後，得到是風險承受度極高，但真的下場投資後，卻沒辦法忍受市場的波動。也見過相反的例子。」他停頓了一會兒，轉頭看向他們，強調著：「所以，我個人是建議，自己親自下場操作，可以先從一些小額的投資開始，逐步了解自己的反應。很多人一開始會感覺不安，但隨著時間的推移，會慢慢找到自己能接受的風險範圍。」

沈芮緹喝了一小口茶，唇邊沾上了一點點水氣，她抿了抿嘴唇，像是在斟酌語句：「那如果我們配置了資產之後，就不需要再去管它了嗎？」

王承遠搖了搖頭，語氣輕鬆卻帶著些許認真，「資產配置並不是一成不變的。市場環境和你的財務狀況會隨著時間而改變，因此定期檢視和調整配置是非常必要的。」

他伸手拿起一旁的玻璃水壺，替自己添了一杯檸檬水，喝了一口：「你需要根據實際情況來做出調整，保持一個合理的平衡。」

黃小米微微皺眉，手指繞著一撮頭髮輕輕纏繞，顯得有些遲疑，「那如果我們配置了低風險的資產，是不是就能完

全避開風險呢？」

「這是很多人常見的錯誤觀念。」

王承遠的語氣仍然柔和，卻帶著一絲警覺的重量。他的眼神閃過一抹認真，「即使是低風險資產，像是債券或定期存款，也還是存在一些風險，比如我們剛剛提過的信用風險。所以，我們不應該盲目地認為低風險的資產是絕對安全的。」

沈芮緹若有所思地點了點頭，輕聲說：「我明白了。那麼，資產配置可不可以在短期內就能看到效果呢？」

王承遠輕輕一笑，像是聽見了某個熟悉的誤解：「資產配置其實是一個長期的策略。短期內，你不太可能會看到顯著的效果。它的作用更多的是減少市場波動的影響，讓你的資產能夠在長期中穩步增長。」

他輕輕地舒了口氣，眼神柔和地看著兩人，語氣也隨之溫暖下來，「其實妳們剛剛的問題，包含了大多數投資人的一些錯誤觀念。」

他語氣平靜卻字字鏗鏘：「在研究後，妳們會發現，資產配置可以幫助我們增加投資的耐震度，讓我們在投資的道路上走得更穩健，值得好好學習及運用。」

「承遠叔叔,那麼,對於我們這樣沒有太多本金投資人,是否還有其他的投資方式可以參考呢?」沈芮緹好奇地問道。

她心裡覺得資產配置的觀念很好,但對於她這種每個月可以投資的金額不高的人來說,感覺有些高不可攀。

王承遠笑了笑,語氣溫和地說:「這個問題很好,還是可以做資產配置的,不過,還有另一個方法也蠻適合一般投資大眾的,那就是『定期定額』。」

他語畢,順手拿起桌上的杯子,小啜一口微涼的檸檬水,視線望向窗外略顯陰鬱的天空,像是正構思著要如何將這個概念講得更清楚。

「定期定額?」黃小米歪了歪頭,眉毛微微挑起,語氣裡多了些好奇。

「嗯,就是每個月固定投入一筆金額,買進同一檔投資商品,比方說ETF或基金。金額不用大,有些投資平臺,甚至提供每個月只要幾百塊就能開始投資的服務。」

王承遠說著,語調中帶著引導與鼓勵,像是對新手投資人傳授某種溫柔的力量,「這就像是在慢慢儲蓄一樣。」

「這個我知道,這是很多銀行和券商在推廣的一般大眾的小額投資法。」

沈芮緹眼睛一亮，忍不住插嘴道，語氣中透出一絲成就感。其實這陣子她在閱讀理財部落格，正好也讀到類似的內容，這讓她有種微妙的安心感，彷彿自己的學習正往正確的方向前進。

　　「沒錯，而且這樣可以降低一次投入太多錢、結果遇到市場高點的風險。」王承遠點點頭，語氣肯定，「這個方法的好處是利用了『平均成本法』，也就是說，市場漲的時候你買得少、跌的時候你買得多，長期平均下來，投資報酬率會較合理且穩定。」

　　黃小米咬了咬下唇，若有所思地點了點頭，然後眨了眨眼，「這樣聽起來，好像就不會那麼容易因為漲跌而緊張？」

　　「對，因為你不是在猜高點或低點，而是讓自己長期、規律地參與市場。」

　　王承遠的語氣輕鬆中帶著一點堅定，像是親身經歷過那些波動後仍然選擇相信時間的力量。他將雙手交疊放在膝上，坐姿放鬆，彷彿這樣的方式早已內化為生活的一部分。

　　「聽起來不錯，那有實際的例子嗎？」黃小米好奇地問，眼神中浮現一絲雀躍。

　　「當然。」王承遠微微一笑，將身子微微前傾，像是準備揭開一幅簡單卻實用的圖像，「以臺灣的 0050 ETF 為例。假

設從2015年開始,每個月固定投資新臺幣5,000元,持續到2024年12月。讓我們看看這段期間的投資表現。」

他拿出筆記本,翻開一頁,上面記錄著數據:

年月	最後一天收盤價	每月投資金額	單次單位數	累積單位數
2015/01	68	5000	73.52941	73.52941176
2015/02	70.3	5000	71.12376	144.6531671
2015/03	69.05	5000	72.4113	217.0644633
⋮	⋮	⋮	⋮	⋮
2024/09	183.95	5000	27.1813	6357.977609
2024/10	191.8	5000	26.06882	6384.046431
2024/11	187.25	5000	26.70227	6410.748701
2024/12	195.75	5000	25.54278	6436.291485
	投資金額	600,000	不含息累計資產	1,259,904

「由這張表可以清楚看到,假設每月投入5,000元,購買相應的單位數,隨著時間推移,價格有所波動,但透過定期定額,你會在價格較低時買入更多單位,價格較高時買入較少。這10年間累計投資金額是60萬元,但到2024年12月最

後一次扣款日，累積單位數約是6,436.29，依當時的收盤價計算的資產總額是1,259,904，累積報酬超過一倍，這還沒有加上配息報酬。」

黃小米眼中閃爍著興奮的光芒，雙手輕拍了一下桌面，「這樣看來，定期定額真的能在長期內累積可觀的資產。」她的聲音裡帶著藏不住的期待，像是發現了一條新路的旅人。

沈芮緹則點了點頭，眼神裡透著一絲認真與思索，「而且這樣也不用一直擔心市場短期漲跌，感覺真的蠻適合我們這種剛起步的人。」

她說完後，視線落在手邊的筆記本上，拿起筆，輕輕記下一行字。

「沒錯。」王承遠微笑著，語氣溫和而肯定，「定期定額很適合拿來做長期投資，幫助我們在不同市場狀況下，慢慢累積資產。不過啊——」

他話鋒一轉，略停了一下，視線輕輕掃過兩位認真的女孩，像是想確認她們有準備好聽下一階段的重要提醒。隨後，他轉動了一下手中的水杯，像在為話語增添一點分量，「這種方式也有幾個地方要特別注意喔。」

黃小米眨了眨眼，身子微微前傾，專心地聽著，嘴角還有一絲沒藏住的期待。

Chapter 8 因為懂，所以才能慢慢累積

「第一個要注意的,就是要挑對投資的標的。」

王承遠語調微微加重,「不是所有商品都適合定期定額,最理想的是選趨勢長期向上的市場。像有些人會以為,只要波動大,價格上下跳得兇,就很好賺,但其實不一定。」

他伸出一隻手,模擬出價格曲線起伏的動作,接著又將手往下劃,語氣略帶提醒:「試想,如果那個標的長期趨勢向下,波動再大也沒用,投資再久也無法有效累積資產。」

「所以,選擇時一定要了解清楚,每個資產與市場的特性和風險,確定它符合你自己的理財目標。」他的語氣柔中帶勸,像是長者對晚輩細細叮嚀。

沈芮緹微微點頭,眉頭輕皺。「原來是這樣……」她一邊低頭記錄,一邊若有所思地輕聲說道,「那,還有其他要注意的嗎?」

王承遠輕輕笑了笑,眼角多了些溫暖的細紋,像是對這樣主動提問感到欣慰,「再來是,設定的金額要合理。簡單來說,就是不要影響到你平常的生活開銷。」

他語氣放緩,語句像是一口口熱茶緩緩流過,「扣款金額如果設太高,每個月壓力大,反而容易半途而廢。」

黃小米托著下巴，眉眼浮現些許擔憂地問：「那如果扣太少，會怎樣？」

「扣款金額太低，當然也可以，只是累積速度會很慢。」

王承遠點點頭，語氣中帶著一點理性的直白，「可能到時候，離你的理財目標還差一大段，要花更多時間才能達成。所以，最好設定一個自己負擔得起、又有足夠成效的金額。」

沈芮緹聽到這裡，與黃小米互看了一眼，彼此默契地點點頭。兩人眼中閃爍著專注，像是心中都已開始默默計算自己能承擔的金額。

「最後一點，也是最重要的。」

王承遠說到這裡，語氣突然變得更柔和、但語調卻多了一分堅定。

他將茶杯放回桌面，雙手交握放在膝上，眼神深遠地看向窗外微微飄動的窗簾，像是在回憶什麼，「再來，需要保持耐心，避免因短期的市場波動而輕易改變投資策略。」

他的視線又回到她們身上，語氣沉穩中帶著關懷，「定期定額的關鍵在於長期堅持，短期的波動是無法避免的，這時候最重要的是能夠保持冷靜，堅定自己的投資理念。」

窗外的雨聲輕輕敲打著窗臺，像一首溫柔的歌，和著洄瀾拾光內略顯熱鬧交談聲。今天雖然是下雨天，但無妨礙洄瀾拾光的好生意。

　　劉知蓉在吧哈後忙著，屋內暖黃的燈光灑在木質桌面上，空氣裡瀰漫著剛煮好的咖啡香，還帶著一點肉桂捲的甜味。

　　沈芮緹捧著馬克杯，手指在杯沿輕輕轉動。她思索了一會兒，抬起頭問：「承遠叔叔，那麼一般投資人最容易犯什麼錯呢？」

　　王承遠聞言，笑了笑，眼中閃過一絲似曾相識的神情，像是在回憶過去見過的許多人。他靠在椅背上，語氣輕鬆但帶著提醒：「一個常見的錯誤就是，太過相信『自動扣款』，結果完全不管自己的投資狀況。明明市場環境已經變了，卻沒調整，最後績效不如預期。」

　　他頓了頓，喝了一口水，眼神轉向窗外，雨絲在玻璃上滑落，彷彿時間也慢了下來。隨後他語氣略沉地補了一句：「還有就是我們剛剛提到的，市場一跌就開始慌，隨便停扣或贖回。這樣不但沒辦法賺到長期成長的報酬，反而容易在低點賣掉，真正虧損。」

　　黃小米靠在椅背上，輕輕地「嗯」了一聲，臉上帶著恍

然大悟的表情，一手撐著下巴，眼神還在吸收剛才的訊息。

王承遠微笑著補充：「所以，定期定額不是丟著不管，而是要定期檢視、適時調整，然後抱持著一份耐心和信念，慢慢地、穩穩地走下去。」

他說完這句話後，沉思了片刻，才轉回頭來看著沈芮緹語氣溫柔又帶著一點堅定。

「芮芮，妳是不是覺得，像妳們這種剛開始投資的人，資產配置好像有點太遙遠了？」他輕聲問道，眼神裡帶著關心。

沈芮緹像是被發現心中的小祕密，有點不好意思地笑笑，撥了撥耳邊的頭髮，「嗯……對啊，因為每個月能投資的錢就那麼一點點，又怎麼需要做資產配置呢？感覺應該先全部投入股票型基金或ETF，才有機會賺比較多吧？」

黃小米在旁邊也頻頻點頭，一臉「我也是這麼想」的表情，身子微微前傾，似乎更專注地聽著。

王承遠輕輕笑了笑，眼角的細紋因笑意而柔和起來，「妳們這樣想很自然啦。很多剛開始投資的人，都是這樣覺得。但其實，如果可以『定期定額』加上『資產配置』，累積財富的過程會更穩健、也比較能熬過市場的大風大浪。」

沈芮緹聽後皺了皺眉，眉宇間浮現一絲疑惑，語氣認真

地問道:「那為什麼這樣會更穩健呢?」

黃小米雙手交握在桌面上,眼神中帶著一點期待,顯然也有同樣的疑問。

「我們剛剛提到,定期定額的方式,讓我們無論市場如何波動,都能在固定的時間,將固定的金額投入。這樣做的好處是,無論股市高漲還是低迷,我們的投資金額始終不變,平均成本也會逐步平滑。對吧?」

他停頓了一下,目光與兩人對上,看見她們都點點頭後,他繼續說道。

「而資產配置則是將資金分散在不同的資產類別上。比如,股票、債券、房地產等。這樣,不同資產之間的風險並不完全重疊,一個資產的下跌,可能會被另一個資產的上漲所彌補。」

兩個小妮子再度點點頭,他再度問:「如果我們將兩個方式同時使用呢?會怎樣?」

沈芮緹眼睛微微一亮,腦子靈光一現,「如果定期定額和資產配置相結合,不但能夠取得長期投資平均成本,也不會受到單一資產波動的影響。」

黃小米聽完,瞪大眼睛,輕拍桌子,「對,投資小白也

可以這樣做！不一定全部壓在股票上，這樣比較保險耶。」

沈芮緹也點點頭，輕聲補充道：「聽起來就是，不要把雞蛋都放在同一個籃子裡啦。萬一股票大跌，債券那邊還可以稍微撐一下。」

「對，概念就是這樣。」王承遠笑笑地說，語氣像春雨般柔和，「資產配置加上定期定額，會讓你的整體投資更為平穩。市場好時慢慢賺，市場不好時也比較不會一下子損失太多。」

黃小米摸摸下巴，眉頭微蹙思索了一下，又問：「那承遠叔叔，如果每個月想投資一萬塊，要怎麼配比較好？有沒有什麼標準答案？」

王承遠輕輕搖搖頭，語氣平和但明確：「其實沒有一定的標準啦，要看你們自己的年齡、目標還有能承受的風險。不過年輕人本來就享有時間紅利，更有本錢做長期投資，可以股票多一點、債券少一點。像八成股票、兩成債券，對你們來說就蠻合適的了。」

沈芮緹認真地點了點頭，彷彿心裡有了一個初步的計畫，「嗯，了解了。要設定自己可以長期負擔的金額，然後分散投資，不要太衝動改來改去，也不要停扣，對吧？」

「沒錯！」王承遠露出欣慰的笑容，「記得，投資不是在拼短跑，是在跑馬拉松。重點是，能夠一直跑下去，跑到終點，而不是跑最快。」

聽到這裡，黃小米拍拍大腿，笑出聲來，「好！那我回去也要來思考一下定期定額加上資產配置的投資方式。」

窗外的細雨聲依然沙沙作響，像是這場對話的溫柔伴奏。屋裡的氣氛，卻暖暖的，像有陽光穿透雲層，靜靜地灑在心上。

沈芮緹拿起水杯，輕啜一口，然後舒服地嘆了一口氣說道：「我以前總覺得理財是為了賺很多錢；現在慢慢覺得，好像更重要的是，讓自己在未來的日子裡，不那麼害怕波動，能更安心地生活。」

「沒錯。」王承遠溫柔地點頭，眼神裡浮現一絲柔和的光，「錢只是工具，懂得怎麼用它，是為了讓你未來有更多選擇，而不是被綁住。」

黃小米伸了個懶腰，嘴角掛著一抹釋然的笑意，「唉～我以前都把投資想得太浪漫，今天感覺蠻累的，但還蠻充實的耶。」

王承遠看著眼前兩個充滿活力的女孩，心裡微微一暖。

他知道，投資的種子已經在她們的心中悄悄種下，只要時間一到，會開出屬於她們自己的花。

Chapter 9

當一切看似完美的時候

在金錢的世界裡，
過於完美的承諾可能隱藏著無形的危險

　　吧檯旁，劉知蓉正專心準備著一對年輕情侶點的抹茶舒芙蕾。牛奶在小鍋中慢慢加熱，與奶油相融，釋放出淡雅的奶香。她手中的木匙輕柔地攪動著麵糊，讓空氣細細滲入，使其蓬鬆輕盈，如雲朵般柔軟。濃郁的抹茶香與微甜的氣息在空氣中縈繞，像是春日午後，樹梢新葉初展的清香。

　　窗外的細雨斜斜落在玻璃上，為世界披上了一層輕柔的薄紗。桌上的咖啡杯映出琥珀色的暖光，杯緣氤氳著一圈淡淡的霧氣，彷彿將整個空間包裹在一種靜謐而安定的氛圍裡。

　　望著窗邊聚在一起的三個人，劉知蓉微微一笑，手上的

動作未曾停歇，又多做了一份舒芙蕾，將之輕巧地擺在純白的瓷盤上，將它刀叉及分享盤送到他們面前。

伴隨甜點而來的，是三杯香醇的咖啡。

「餓了吧？休息一下吧。」她目光柔和地看向沈芮緹與黃小米，語氣裡帶著幾分親暱，又轉向王承遠，語氣不自覺地柔和了一些：「試試新口味吧。」

「哇！抹茶口味的舒芙蕾！」沈芮緹雙眼一亮，語氣裡藏不住興奮。她是標準的抹茶控，每次看到抹茶甜點，心情總會莫名變好。

她和黃小米幾乎異口同聲地驚喜道：「謝謝小阿姨！」

「真是太幸福了。」黃小米低聲喃喃，拿起湯匙輕輕劃過舒芙蕾柔軟的表面，看著那輕盈回彈的質地，嘴角微微上揚，「跟著我的寶貝芮芮就對了。」

沈芮緹得意地揚起下巴，笑得像隻偷吃到甜點的小貓：「當然！跟著我，絕對不會錯過好東西。」她的聲音輕快，像午後微風拂過風鈴，帶著一絲得意的頑皮。

這趟來花蓮，果然是最正確的決定。不僅學習到理財知識，還能細細品味這樣美好的食物。

黃小米心裡想，看著眼前的舒芙蕾，心頭一陣暖意漾

開。

劉知蓉看著兩個年輕女孩嬌俏的模樣，眼神柔和了幾分，心裡不禁感嘆：「青春真好。」

她抬手輕輕拂去圍裙上沾染的細粉，準備轉身回吧檯，卻察覺到一道目光落在自己身上。

王承遠端著咖啡，靜靜地看著這一幕。眼神並無明顯的情緒波動，卻帶著一種溫和的專注，像是隨意落在這裡，卻又不全然只是巧合。

劉知蓉心中微微一震，臉上卻沒有表露出什麼情緒，只是輕輕笑了笑，語氣一如往常地淡然溫和：「我去忙了。」

王承遠沒說話，只是低頭輕輕啜了一口咖啡，指腹無意識地沿著杯緣轉動，彷彿在思索什麼，又彷彿只是習慣性的動作。

窗外的細雨仍輕輕落下，風鈴在微風中發出輕柔的叮噹聲。這場午後的細雨似乎意外帶來了不少客人，店裡的生意出奇地好。劉知蓉轉身離開走入吧枱，為另一組客人煮起咖啡。

沈芮緹望著眼前的甜點，純白瓷盤上擺著三塊輕盈的綠色舒芙蕾，表面篩上一層細緻的糖粉，如薄霧輕覆，宛若抹

茶與白雪交融。一旁的鮮奶油彷彿輕盈的雲朵，襯托著濃醇的茶香，而點綴其間的蜜紅豆，帶來一抹溫潤的甜味，層次豐富，令人垂涎。

她一邊舀起一小塊舒芙蕾，一邊滑著手機。忽然，眉頭微微蹙起，視線停留在一則新聞標題上。她抬起頭，把手機遞向王承遠，語氣帶著幾分困惑：「承遠叔叔，你看這個……單親媽媽的積蓄被凍結，還被詐騙……怎麼會這樣？」

王承遠接過手機，手機螢幕上顯示的是一則社會新聞，內容講述一位單親媽媽多年來辛苦工作，將積蓄存入銀行，原本希望為孩子提供穩定的生活。然而，由於長期經濟壓力，她的存款被各種生活開銷與貸款利息不斷吞噬，最終陷入財務困境。正當她試圖尋找財務解決方案時，一個看似專業的「投資顧問」主動聯繫她，聲稱能幫助她穩定增值資產，甚至提供緊急資金週轉。

她滿懷希望地跟隨指示，將資金轉入對方提供的「理財帳戶」，卻沒想到這是一場精心設計的詐騙。當她發現資金無法提領，對方早已人間蒸發，銀行也無法追回款項。失去積蓄的她只能獨自承受沉重的經濟壓力，甚至影響到孩子的生活與學業。

王承遠放下手機，沒有立刻回答沈芮緹的疑問。

黃小米忍不住湊過去，好奇心爆棚地拿起沈芮緹的手機，也讀起那則新聞，邊看還邊嘟囔：「天啊，這種事真的會發生啊……」

空氣中瀰漫著微微的咖啡香氣，帶著一點點苦澀，像是生活裡那些不經意累積起來的風險與無奈。

王承遠輕啜了一口咖啡，嘴角微微收緊，苦味在舌尖緩緩化開，最後滲出一抹隱隱的甘甜。就像許多事情一樣——只有走過最艱難的路，才能嚐到生命裡真正的滋味。

「這則新聞可以提醒我們去思考一個問題，」王承遠放下咖啡杯，指尖輕敲著木桌，目光溫和地落在沈芮緹及黃小米身上，「會不會有一天，妳的錢突然變成不是妳的錢？」

黃小米怔了一下，沒有反應過來問道：「什麼意思？」

沈芮緹眨了眨眼，微微歪著頭：「就像這則新聞中單親媽媽的遭遇嗎？」

王承遠微微一笑，語氣裡帶著淡淡的無奈：「很多人以為，錢存在銀行，或放進理財帳戶，就一定安全。可是，真正能守住錢的，不只是帳戶的名字，而是妳有沒有辦別出真正的風險，看出那些看起來很美、但藏著陷阱的東西。」

他低頭瞥了一眼手機螢幕上的新聞：「像這則新聞裡的單親媽媽，她其實很努力，也有存錢的習慣。但因為生活壓力太大，又遇到打著理財名義的詐騙，最終錢不是自己花掉的，也不是自己投資失敗造成，而是被別人奪走。」

沈芮緹下意識咬著手指，眉頭緊蹙，彷彿能感覺到那種無力感。

他伸手在桌上的筆記本畫了一個小圓圈，又在旁邊劃了一個箭頭，「現在妳們都清楚理財的重要性，知道錢如果沒有做適當的安排，就像這個圓，永遠在原地打轉。但如果有規劃並且執行，長期堅持下去，一定可以達成自己的理財目標。」

「但是，在妳朝著目標努力的過程中，有可能會像這位媽媽一樣遇到詐騙集團。這時，如果沒有足夠的能力去辨別及判斷，就可能會損失慘重。」

王承遠溫和地看了她們一眼，語氣像是午後微微飄落的雨絲，輕柔卻帶著重量：「所以，除了懂得存錢，學習投資，還要懂得如何保護我們努力理財的成果。」

黃小米托著下巴，輕輕晃著腳，眼神閃爍著思索的光：「可是⋯⋯現在詐騙真的是防不勝防啊，要怎樣才能避免啊？」

沈芮緹喝了一口咖啡，歪著頭望向窗外，想起過去看的幾則新聞後，語氣帶著幾分篤定地說：「我覺得啦，雖然現在詐騙很多，可是只要不要太貪心，然後找熟識、專業的人幫忙投資，應該就沒問題吧？」

王承遠聽著，端起咖啡，輕啜一口，杯中琥珀色的液面微微晃動。

這樣想的人，其實很多。他心裡想著。

「妳們聽過『澳豐集團』的事嗎？」他的聲音低緩，在午後的雨聲中，顯得格外溫柔。

「澳豐？」黃小米皺了皺眉：「好像有聽過，但不知道是什麼事。」

「是不是前陣子的新聞，很多藝人也被騙的那個？」沈芮緹問道。

王承遠點點頭，放下咖啡杯，指尖輕輕敲著桌面。

「那是一場規模很大的詐騙案。」他語氣平穩，「不只是一般投資人，連許多知名藝人、企業家，也被騙走了好幾億。」

他頓了頓，雨聲在窗外細細作響，像是替這段話添了層無聲的重量。

「最可怕的，不是因為他們貪心，也不是因為他們笨。」王承遠的聲音輕緩卻帶著一絲凝重，「他們之中有不少人，是被身邊信任的人介紹進去的。」

那種因為信任而被詐騙，痛苦的感受，應該比遇到一般詐騙要深刻得多。

「這不是一般的詐騙，可以說是一場佈局十多年的金融騙局。」王承遠放下手機，指尖輕敲著螢幕，語氣平靜卻帶著幾分凝重。「他們透過銀行內部的理財專員，以正規投資的名義鎖定高資產客戶，甚至用『內部資訊』這類話術吸引人上鉤。妳們能想像嗎？有些理專甚至不知情，他們自己也成了受害者。」

王承遠回想起這則金融詐騙，不禁搖了搖頭。

澳豐金融集團，自成立以來，精心經營出「穩健」的形象。一開始，這家金融公司極其低調地累積口碑，之後打出「低風險、高回報」的誘人承諾，宣稱年化報酬率6％至8％的獲利，讓財富增值的藍圖顯得清晰可期。資金如潮水般湧入這家公司，最終累計投資金額超過新臺幣1,000億元，全臺約有1.3萬投資人深陷其中。

投資人一開始，都能準時收到配息，帳戶上的數字穩步上升，實際上這家金融公司並沒有實際進行投資，而是用後

來加入的投資人的資金，做為前期投資人的投資回報，堆疊出龐氏騙局的虛假榮景。

2023年5月27日，當它的資金鏈無法再支撐，泡沫終於破裂。澳豐集團宣布倒閉，旗下力量基金進入清算程序，公司高層人間蒸發，總部空無一人，彷彿從未存在過。受害者名單中，不乏政商名流與企業巨擘。

「可是……這些投資人大多數都很有錢，應該很有投資經驗吧？」沈芮緹低頭滑動手機，點開新聞連結，逐行讀著那些令人心驚的細節。

「理專……不是專業人士嗎？為什麼連他們也會被騙？」黃小米不解地說，順便又吃了一口舒芙蕾。

「有錢，不一定有投資經驗，有錢跟有警覺心，也是兩回事啊。」

王承遠的聲音溫和，卻帶著一種淡淡的嘆息。「而且，越是看起來專業的機構，很容易讓投資人放下戒心，更何況發行這些金融商品的公司是在香港註冊的，這種境外專業投資機構的形象，很輕易地便取得投資人的信任。更何況，這家投資公司提供的配息率，在表面上都很合理，看起來不高不低，不會讓人第一時間起疑。」

他頓了頓，眼神落在窗外細細的雨絲上，繼續補充：「不過讓人覺得可疑的，是它的金融商品的報酬表現太穩定了。無論市場怎麼震盪，總能交出一張漂亮得不太真實的成績單。」他的語調如微風般輕柔，卻帶著若有似無的警示。

「好得不像真的，不就更該小心了嗎？」他說。

他輕輕轉動著咖啡杯，指尖摩挲著微熱的杯耳，彷彿在感受那份難以言說的沉默。

「詐騙最可怕的地方，不只是話術，而是他們懂得花時間，慢慢鋪路，讓人一步一步走進圈套，卻渾然不覺。」

他笑了笑，帶著一點無奈，像是對這種心理戰術感到無奈：「人總是防得了陌生人，卻防不了身邊的人。想想，如果今天是妳們信任的親友告訴妳們，這個投資很穩，甚至他自己也投了，會不會比較放心？」

「唔⋯⋯確實，如果是認識的人推薦，好像真的比較容易相信。」沈芮緹咬著叉子，小聲說。

「嗯。」王承遠輕輕點頭，像是認同，又像是心疼這樣的單純信任。「這就是他們厲害的地方。」

他用指節敲了敲桌子，語氣略為嚴肅地說：「像這次澳豐的案子，不只是一般投資人受害，連銀行的理專自己都被

拖下水。有些人，是被高額佣金蒙蔽了，有些人，是從頭到尾都以為那是真正的好產品，所以也熱心的介紹給自己的親友，結果，不但自己踩了地雷，也連累了親友。」

沈芮緹看著筆記本，眉毛輕輕皺起，眼底閃過一絲遲疑。「所以……就算是透過銀行、理專，甚至是親友介紹的投資，也不一定安全？」

「沒錯。」王承遠的語氣依舊溫柔，卻帶著一絲警告。

「有時候，連介紹妳的人，都還不知道自己是受害者。」

王承遠失笑，端起咖啡輕輕晃了晃，黑褐色的液體在杯中盪出一圈圈漣漪。他啜了一口微涼的咖啡，淡淡的苦澀在舌尖蔓延，像極了人生的餘味。

沈芮緹低頭看著手機螢幕，心裡有些悶悶的，像窗外那片濕潤的天空。

「可是……」她咬了咬下唇，輕聲說：「那些投資選項，數據精準，回報穩定，連成功案例都有，怎麼可能是詐騙？」

王承遠輕笑了一下，像是聽見了什麼早已預料到的問題。

「正因為它們看起來太完美了，反而更該小心。」

窗外，一片迷濛的細雨，把洄瀾拾光咖啡館的玻璃窗染上了一層柔霧。

「真正的投資，哪有什麼『穩賺不賠』？」

王承遠目光輕輕掃過她們，語氣溫和卻帶著一絲無奈。

他頓了頓，手指輕輕敲著桌面，有節奏地，像是在替話語添上無聲的重量。

「市場本來就有起有落，有波動才是常態。凡是跟妳說『穩賺不賠』、『保證高配息』的，要嘛是說的人不懂，要嘛就是有鬼，幾乎可以直接劃入詐騙範圍。」

沈芮緹默默點了點頭，她腦海中浮現過去幾次在社交媒體上看到的投資廣告，那些閃爍的數字與保證收益的話語，現在回想起來，竟帶著一種令人不寒而慄的荒謬感。

見她們安靜地聆聽，王承遠微微一笑，語氣放緩了些，像是怕驚動什麼。

「還有一件事，很重要。」

他看著兩個女孩認真聽著的模樣，眼底閃過一絲溫柔的光。

「詐騙集團最厲害的地方是操縱人心。他們會讓妳自己心

Chapter 9 當一切看似完美的時候　257

甘情願的選擇。他們不會硬推，而是用各種方式，讓妳自己走進陷阱。」

他微微傾身，像是說一個小祕密般，語氣輕柔又帶著一點警醒。

「他們會用一些話術，讓你『自願』投資，甚至覺得自己錯過這個機會就太可惜了。只要對方在營造一種急迫感，比如『名額有限』、『錯過這次就沒機會』，那多半是個圈套。」

他眨了眨眼，笑得溫和卻帶著一點點俏皮，「真正值得的機會，從來不會逼妳立刻做決定。」

黃小米挑了挑眉，像是突然醒悟似的，輕輕「啊」了一聲，「所以啊，當我覺得機會難得的時候，就越要冷靜下來！」

「嗯。」王承遠點點頭，端起咖啡杯，輕啜一口，苦香在口中緩緩綻開，帶著一種令人清醒的芬芳。

「還有一點，妳們也要記得。」他放下杯子，聲音低緩而清楚，「如果投資的時候，錢匯進去很方便，但想要提領出來卻變得很麻煩，比如各種手續費、層層驗證，甚至對方開始推三阻四……那多半就要小心了。」

聽到這裡，黃小米才無奈地伸了個懶腰，像隻剛從小睡中醒來的貓咪，小聲咕噥著：「唉，當個小資族也太難了吧……光努力存錢就夠累了，還要防詐騙，連投資都變成一種冒險了啦。」

王承遠輕輕笑了笑，眼神在午後微光裡映得柔和又深遠。「但其實啊，如果仔細想想，事情從來都不複雜，複雜的，是人心。」

窗外風鈴被細雨撩撥，叮叮噹噹地響著，像是雨絲在窗邊呢喃。空氣中瀰漫著咖啡香和泥土濕潤的氣息，時間彷彿在這個角落輕輕停頓了下來。

王承遠轉動著杯沿，語氣溫和又帶著一絲堅定：「妳們要記得詐騙可怕的地方，不在於它多高明，而是它太懂得拿捏人心。貪心、僥倖、從眾，還有對親友的信任……這些微小又真實的情感，往往就是他們編織陷阱的線索。」

他停頓了一下，像是在給沈芮緹和黃小米留些咀嚼話語的空間。

接著，王承遠語氣帶著一種近乎叮嚀的溫柔：「所以啊，不懂的投資不要碰，不清楚的錢不要轉，沒聽過的公司，先查清楚再說。錢不是最珍貴的，真正的財富，是自己有看清世界的能力。只要能練就一雙分辨的眼睛，財富就不

會輕易被奪走。」

他又端起咖啡，品嚐那微苦韻味在口中緩緩化開，像一條細長而溫柔的弧線，在心底靜靜地蔓延。

沈芮緹靜靜地望著筆記本，筆尖懸在半空，久久沒有落下。

腦海中，一個畫面悄悄浮現：她曾經因為朋友一句話「這個投資真的很穩啦，我自己也有投」，差一點就把自己的積蓄交了出去。

不知過了多久，她終於輕輕落筆，在筆記本上寫下那些，像是用心刻下來的重點。沈芮緹緩緩吐了一口氣，感覺心底有什麼，慢慢地，靜靜地，發生了微小卻深遠的變化。

她望著紙上的筆記，心裡泛起一股透明的清明感。那不是什麼突如其來的覺悟，而像是細雨滲進土壤，一點一滴地，悄悄滋養著什麼。

一旁的黃小米撐著下巴，望著窗外灰藍的天空，眼神還有些迷濛。

「唉……這樣聽起來，不只防詐騙很麻煩耶，連好好信任別人都變得好難喔……」她輕輕嘟嚷著，小小地歎了口氣，語氣裡藏著一種不甘心又帶點寂寞的味道。

「而且啊,感覺以後每次要投資,都要像在辦案一樣,做很多調查、記一大堆筆記……」她撇撇嘴,懶洋洋地抱怨,但眼底卻透出一抹不願被輕易打敗的認真。

「一定會累啦,」王承遠微微一笑,聲音溫溫地滑過空氣,「不過,這種累是值得的。」

他放下咖啡杯,視線落在她們臉上,眼神像午後的雨一樣靜靜的,卻又帶著溫柔的力量。

劉知蓉走過來,兩隻手各拿著一壺熱紅茶和咖啡,笑著輕聲問:「還要再來一點嗎?天氣這樣,喝熱的比較舒服喔。」

她溫柔地將茶壺放在桌上,順手幫沈芮緹添了些咖啡,香氣暖暖地氤氳開來,像是撫平了空氣中的那一點點沈重。

「謝謝小阿姨。」沈芮緹小小聲回應,雙手捧著溫熱的杯子,感覺心也暖了起來。

黃小米也拿起自己的杯子,雙手抱住杯身,臉頰貼著溫熱的瓷器,像在偷偷汲取一點安心。

劉知蓉看向王承遠,用眼神詢問他是否還需要添加一些咖啡。他舉起右手示意感謝,看向她的眼神帶著一抹溫柔。

一切都那麼自然,像午後細雨裡靜靜流動的小溪。

窗外的風鈴微微晃動，清脆的聲音在濕潤的空氣中輕飄飄地蕩開，像是為這個靜謐的午後，添上了一首無聲又動人的小詩。

沈芮緹抬起頭，望向王承遠，心裡充滿了感謝與溫暖。

「承遠叔叔……謝謝你！」她輕輕開口，嘴角揚起一抹溫柔而認真的笑。「我想，我真的懂了。」

「我也要謝謝你！」黃小米緊跟著說，聲音裡多了點慌亂，但眼神卻亮亮的，「今天學到超多的，真的超感恩！」

王承遠看著她們，笑了，像是看著兩株在雨中努力伸展的小苗。

「懂了就好。」他語氣輕柔，像是在叮囑，又像是單純地陪伴著她們的成長。

「記得，這些不是一次就能完全學會的，需要慢慢練習。」

細雨仍然紛紛揚揚地下著，午後的光線從雲層間滲透出微弱卻堅定的光，映照在桌面上，讓筆記本上一行行字跡，顯得分外清晰而溫柔。

沈芮緹輕輕闔上筆記本，感覺到心裡那一點點不安，已經隨著咖啡香和雨聲，慢慢沖淡了。

這條學習的路，或許很長、很慢，但她知道，自己已經悄悄踏出了第一步。

　　窗外的風鈴又輕輕響起，聲音清清亮亮的，像一場無聲的呢喃，為這個安靜又深遠的午後，添上了一抹靜謐悠長的尾韻。

Chapter 10

沒關係，一切都還來得及

種一棵樹最好的時機在10年前，其次是現在

傍晚的風從巷口緩緩吹來，輕輕撫過劉知蓉老屋前那棵斑駁的柿子樹。屋前狹長的小庭院裡，幾盆薄荷與天竺葵錯落地安放著，香氣在夜色中若有似無地飄散開來。

王承遠穿著一身深藍色襯衫，手中提著一盒水果站在門口。他微微仰頭，看著那扇老式木門上斑駁的門牌，嘴角浮出一絲若有似無的笑意。

他輕按門鈴，不一會兒，門便開了。黃小米笑嘻嘻地探出頭來，「承遠叔叔，你來啦，快進來，小阿姨正在廚房忙著呢！」

「辛苦你們啦。」王承遠一邊換鞋一邊笑道，語氣和緩。

屋內燈光溫暖，木質地板踩起來略有聲響，卻讓人莫名安心。牆角有幾盆植栽，九層塔、薄荷與一盆蓬鬆的迷迭香，淡淡的草本氣味混著廚房裡傳來的香味，讓人覺得這裡不只是房子，而是一段被好好照顧的歲月。

廚房傳來淡淡的紅酒燉牛肉香氣，與牆角香氛燈散發出的橙花味融合在一起，讓人感覺像是走進一本記憶厚實的書。

沈芮緹正站在餐桌旁，細心地擺著餐具。她抬頭看到王承遠，立刻笑著揮了揮手：「承遠叔叔，晚安！今天我們可是要好好招待你喔，小阿姨還準備了一瓶紅酒呢。」

「那我可得好好品嚐一下。」他走向餐桌，一眼就看見桌上的紅酒及醒酒瓶。

酒標上寫著「Louis Jadot Bourgogne Pinot Noir」，是一款來自法國勃根地的黑皮諾紅酒。王承遠小心地拿起醒酒瓶，觀察裡頭的紅酒，紅寶石色透著清亮光澤，他輕嗅酒香，語氣像在描述一幅畫：「有櫻桃、紅莓的果香，還有點乾燥花的氣息……」

「你的嗅覺真是靈敏，果然是行家。」劉知蓉從廚房走出來，手上還拿著木湯勺，圍裙上沾著些許紅酒醬汁，顯然剛才還在灶前忙著。「今晚的主菜是紅酒燉牛肉，特別選這瓶

酒來搭，應該不會錯。」

她放下湯勺，開始端出一道道的菜餚：炒青花菜、香煎杏鮑菇、番茄蔬菜湯，還有一盤半熟的溏心蛋。紅酒燉牛肉則被擺在餐桌中央，牛肉塊與胡蘿蔔、馬鈴薯沉浸在紅褐色的湯汁中，熱氣繚繞，香氣撲鼻。

四人圍坐在一起，劉知蓉打開窗戶，一縷春夜的風輕輕吹進來，風鈴響了幾聲，像是在為這頓晚餐伴奏。王承遠舉杯道：「謝謝知蓉用心準備的晚餐，也謝謝妳們兩位小姑娘願意聽我這個大叔的老生常談。」

「承遠叔叔，你的話我們都當成寶在聽耶。」黃小米一邊說一邊夾了一塊牛肉，笑得一臉真誠。

「對啊，收獲良多，我回去還重新整理了筆記，準備好好的規劃和執行呢。」沈芮緹也說，眼神亮亮的。

紅酒與燉牛肉的滋味相互襯托，席間不時傳出低笑與餐具碰撞聲，氣氛溫暖安靜，像某種緩慢綻放的花。

酒過三巡後，話題也慢慢由日常的瑣事轉向人生的規劃。

黃小米輕輕放下筷子，像是在思索著什麼，然後轉過頭來看向王承遠，眼神真摯地輕聲開口：「承遠叔叔，我想請

教你一個問題……」

聽到她這麼說，正拿起酒杯想淺嚐一口王承遠，輕輕放下酒杯，目光轉向她，溫和地點點頭，「妳說吧。」

黃小米的眼神落在碗裡的胡蘿蔔上，像是斟酌著怎樣才能適當的提出心中的問題，她說：「我姑姑……跟我感情很好。前陣子她跟我提到她正面臨一些財務上的壓力。我姑父早幾年就過世了，並沒有留下什麼財產。我姑姑努力工作，幾乎將所有的收入都花在栽培我兩個表哥念書，她總覺得老了兒子會養她，只不過……」黃小米有些遲疑，但對姑姑的心疼還是讓她開了口：「我兩個表哥似乎並不想要負擔我姑姑的養老生活，雖然她目前還在工作，可是現在她已經五十多歲了，才突然意識到自己的退休問題……」她低下頭，有些不安地撚著手指，「這幾天我才知道複利的威力，也明白長期投資的重要性。不過，我還是想問問，像姑姑這種情況，還來得及開始準備退休金嗎？」

屋內頓時安靜下來，只有一室溫暖的燈光及食物的餘味在空氣中飄盪著。

王承遠沒有立刻回答。他略微側了側頭，看著黃小米的眼神帶著一點沉靜的思索。他的目光清澈，並沒有對黃小米的問題感到困惑或驚訝，反而像是對某個早已熟悉的人生現實，給出一種坦然的接納。

「這是一個很實際的問題，」他的語氣低緩，像是不願驚動這室內柔和的光與靜謐，「的確是很多人在年輕時不太在意，但在中年之後，甚至是到了快退休的年齡才意識到的問題。」

他停頓了一下，語氣變得更溫和，也更誠懇。

「現在還是有些父母有『養兒防老』的觀念，覺得孩子長大了理所當然要照顧父母。但我一直覺得，無論幾歲，每個人都應該盡量維持自己的經濟獨立。因為真正的安全感，不是來自於別人，而是來自於自己。」

他微笑了一下，語氣中多了一點輕鬆的調侃：「所以啊，與其養兒防老，我更傾向『養錢防老』！」

「養錢？」黃小米眨了眨眼，有些驚訝地重複了一遍，然後像是被逗笑似地輕輕彎起嘴角。

一旁的劉知蓉點了點頭，認同地說：「這麼說很有道理。如果自己有錢，就可以想買什麼就買什麼，不用伸手向孩子要錢，不是更自在嗎？」

她轉頭看向黃小米，語氣裡帶著一種溫柔卻堅定的篤定：「孩子的存在，是用來陪伴的，不是用來供養的。能彼此陪著走一段路，不就已經很珍貴了嗎？這樣才比較輕鬆、比較溫暖，不會因為金錢而變得複雜。」

窗外的風悄悄轉了個方向，柿子樹的枝葉在玻璃窗上輕輕摩挲，像時光的手指，悄悄寫下生活裡遲來的醒悟與體會。

「所以，退休金的準備對每個人都非常重要。」他拿起水杯，輕抿一口，語氣平穩地繼續：「我不久前看過一份調查，是『中華民國退休基金協會』做的。裡面提到，有三成受訪者是完全沒有準備退休金的。還有兩成是四十歲以後才開始規劃，甚至有兩成是拖到五十歲才開始。妳們猜，真正有達成退休理財目標的人有多少？」

沈芮緹和黃小米都輕輕皺起眉頭，沒有出聲。劉知蓉則是保持微笑看著王承遠。

「只有38％。不到四成。」他搖搖頭，語氣裡有淡淡的遺憾。「老實說，五十歲以後開始規劃退休金還不算太晚，只不過，必須更誠實看待自己的真實情況，也要有調整生活的勇氣。比方說，能不能減少一些其實也沒那麼必要的開銷？有沒有可能開始學一項技能，讓它變成額外的收入？或者，是不是能接受延後一點退休，爭取多一點準備時間？」

他停頓一下，眼神落在窗外微動的枝葉上，語氣像是說給窗邊的時光聽：「種一棵樹，最好的時間是十年前，次佳是現在。理財也是同樣的道理。」

黃小米若有所思，輕聲說：「所以不是有沒有一筆錢的問題，而是要重新定義人生的節奏。」

王承遠環視三人，最後眼神落在黃小米身上，語氣穩定而輕柔：「我覺得，依妳姑姑的狀況，應該是需要先盤點自己的資源。」

「資源？」沈芮緹微微偏頭，語氣裡帶著好奇。

「對，不只是存款或房產才叫資源，」他看了她一眼，微微一笑，「一個人擁有的時間、技能、健康、人脈，甚至是你對生活的掌握度，這些通通都算。有些人覺得自己什麼都沒有，其實只是沒有人教他們怎麼看懂自己手中擁有的資源。」

黃小米點點頭表示理解，隨後問道：「對於一個中年卻還沒有準備退休金的人，實際上要怎麼開始呢？」

王承遠沒有馬上回答，反而是夾起一塊牛肉，細細品嚐著，像是思索著怎樣說明會更清楚。

他嚥下口中的食物，又品嚐了一口紅酒，才緩緩開口：「我會建議分三個步驟來進行，也就是盤點資源、設定目標、和擬定行動方案。第一步的盤點資源，我覺得將重心擺在整理現有的財務狀況，也就是『盤點財務資源』，包括存款、保險、債務、固定支出、可能的收入來源等，越誠實越好。」

黃小米輕輕點頭,眼中有些思索:「那我姑姑並沒有足夠的理財經驗,她該從哪裡開始?」

王承遠微微一笑,語氣溫和:「很好的問題。我建議先從最基本的財務資料著手。你姑姑可以從簡單的支出與收入記錄開始,也就是記帳開始。別忘了,不管從什麼年紀開始理財,記帳都是最基本最重要的起手式。她必須列出每月固定的支出項目,像是房租、水電、保險等。接著,再列出她的收入來源。記得,每一項都要誠實寫出來,包括她可能忽略的小額收入。這樣她就能搞清楚自己的財務結構。更重要的是,透過記帳,可以得知每月每年的支出水準,進而計算出退休金需求。」

沈芮緹也忍不住插話:「所以,第二步的設定目標,也就是可以根據記帳的結果,也就是根據自己現在的生活狀況來設定退休金的目標。」

王承遠放下手中的筷子,微笑著說:「沒錯喔,妳記得很清楚。設定退休目標時,最重要的是貼近現實。每個人的理想生活都不同,有人想四處旅行,有人希望繼續做些輕鬆的工作,保持社交活動。只要越具體想像自己的生活,就越容易計算出需要多少資金。」

黃小米為自己盛了一碗湯,捧著溫暖的湯碗,輕輕吹了

吹，思考一會兒，問道：「那⋯⋯以我姑姑的情況來說，要怎麼估算比較好？」

「我們來假設一下吧。妳姑姑想要六十五歲退休，臺灣女性的平均壽命大概八十四、八十五歲。不過，我們樂觀一點，假設九十歲好了。」王承遠說道。

「嗯嗯。」小米認真地點點頭，湯匙在碗裡輕輕攪動著。

沈芮緹一邊夾著菜，一邊小聲接話：「這樣就是需要準備二十五年的生活費呢⋯⋯」

「沒錯，」王承遠溫和地笑了笑，「如果退休後沒有其他收入，這段時間都要靠自己的退休金來支撐。」

劉知蓉一邊替大家添紅酒及茶水，一邊笑著說：「一般人想到這點，應該都會覺得倍感壓力。」

「是啊，不過在知道需要多少退休金才夠之後，反而能安心一點。」王承遠接著說，「小米，我們假設妳姑姑一個月需要三萬元的生活費，一年就是三十六萬，二十五年就需要大約九百萬。」

「九、九百萬⋯⋯」黃小米差點被湯嗆到，忙放下湯碗，眼睛圓圓地看著王承遠。

芮緹也眨了眨眼，小聲地說：「沒計算還真不會想到，原來要準備這麼多⋯⋯」

餐桌上一瞬間靜了下來，只剩下湯匙輕敲碗緣的細聲。

王承遠笑著繼續說：「而且這還只是基本開銷喔。實際上，還要考慮醫療支出。雖然有全民健保，但年紀大了，醫療花費一定會增加。」

「真的，醫療費有時候很驚人呢⋯⋯」劉知蓉附和著王承遠的話。人的年紀愈大，身體的毛病真的會變多。

「沒錯。」王承遠點點頭，「根據主計處的資料，一個人一生大概會花掉四百萬在醫療上，而且六十五歲後的花費是六十五歲前的兩到三倍。所以，抓個三百萬會比較妥當。」

「這樣加起來⋯⋯」沈芮緹心中默算後，說：「九百萬加三百萬，一千兩百萬⋯⋯」

聽到這個數字，黃小米忍不住發出小小的哀嚎：「天啊，這對很多人來說是一大筆錢耶⋯⋯」

劉知蓉拿起一片煎得香香的蓮藕片，輕聲安撫她們：「妳們還年輕，現在開始慢慢準備退休金，是不會有太大的問題。重點是妳姑姑現在五十多歲，要怎麼在有限的時間內做好退休金的準備。我們先聽承遠怎麼說。」

王承遠嘴角帶著笑意看著劉知蓉，她總是那麼的恬淡從容。

「另外，考慮到這筆錢是十五年後才需要，所以……」王承遠接著說道，眼神像在提醒重要的事情。「必須考慮通貨膨脹。」

沈芮緹聽到這兒，忍不住插嘴：「這個我記得，通貨膨脹也會有複利的情況，如果設定退休金沒有考慮到通膨，會影響退休後的實際購買力，生活品質會大打折扣。」

「芮芮，不錯哦，這幾天我們談的內容妳都有記得。」王承遠給了她比了一個讚的手勢，接著繼續說道：「所以考慮通膨，以現在算出來的一千兩百萬為基礎，假設平均每年的通膨是2％，十五年後，可能就要準備到一千六百多萬才夠。」

小米聽了，嘴角不自覺往下垮。「這數字……好像……越來越遙遠了……」她拿湯匙輕敲碗緣，發出小小的聲音。

「不過別急。」王承遠接著說，「還要把妳姑姑現在已經有的存款、未來國民年金、勞退、還有勞保能領到的錢扣掉，剩下的部分，才是真正需要自己準備的退休金。我們就假設，扣除以上所提的項目之後，大約還需要準備一千萬好

了。」

話才剛說完,黃小米就忍不住雙手抱頭,誇張地說:「承遠叔叔,你知道一千萬對我姑姑來說,是什麼概念嗎?簡直就像天方夜譚一樣啊!」

沈芮緹忍不住噗哧笑出聲,小聲說:「我也覺得這數字蠻遙遠的……」

王承遠哈哈一笑,舉起酒杯,向桌邊的女士們敬酒,語氣輕鬆又帶點調侃的溫柔:「別緊張別緊張,剛剛就說過了嘛,這只是一個假設而已喔。一切還是要依妳姑姑的記帳結果為準,再來推算真正需要的金額。」

他說完,輕輕放下酒杯,指尖無意識地沿著杯身轉了一圈,像是在思索。

微微蹙眉,他沉靜地停頓了一下,彷彿讓空氣也柔軟了下來。

「等到確定好退休金的大致數字之後,下一步就是擬定行動計畫。」

「就算設定的目標再清楚,手上的資源也未必足夠。」他語氣輕緩,但每個字都像溫暖地敲在心上,「正因如此,行動計畫才格外重要。要找到一條,能讓自己一步一步走向目

標的路。」

黃小米托著下巴,眼神跟著王承遠的話移動,眉頭微微皺起,帶著一點認真又有點迷惘的表情:「那……我姑姑應該要從哪裡開始啊?」

王承遠輕輕點了點頭,語氣溫和,像是在慢慢整理給她聽:「嗯,首先,還是得先算一算,每個月大概要存多少,才能存到足夠的退休金。就拿我們剛剛舉的例子來說,假設妳姑姑想要在十五年後,存到一千萬,可以用我們之前講過的『定期定額＋資產配置』的方法慢慢投資,假設年化報酬率是6.5％……」

他說到這裡,夾了一塊雞肉放進碗裡,動作自然又隨性:「大概每個月要投資三萬五左右,才能達標喔。」

聽到這個數字,黃小米差點把筷子掉到桌上,睜大了眼睛喊了一聲:「三萬五!?也太誇張了吧……」

沈芮緹也跟著眨了眨眼,忍不住小小地倒吸一口氣。

王承遠看著兩個女生的表情,忍不住笑了出聲,眼神柔和:「別被嚇到啦,我只是舉個例子。還是那句老話,真正要存的金額,還是得看每個人的情況,妳姑姑不一定需要每個月存這麼多。」

他接著說道:「另外,一個反覆提到的觀念及作法,就是了解支出狀況,並做必要的調整。例如,是否有些生活上的不必要開支可以減少?比如取消一些不再需要的訂閱服務,減少外食的次數,也就是重新檢視現有的消費習慣。」他微微一笑,「這樣的小改變,不僅能減輕支出的壓力,也能讓她有更多的餘錢去做退休金準備。」

黃小米聽後點點頭,輕聲道:「我姑姑確實有些開支是可以調整的,像是她總是很慷慨,時常請親朋好友吃飯。」她輕輕笑了笑,「或許她可以考慮改變這些習慣。」

王承遠繼續道:「沒錯,這些改變也許看起來很細微,但長期累積下來的效果是顯著的。」他望著黃小米,語氣沉穩而平和。

「當然,除了省錢,也可以想想,有沒有什麼方法可以增加收入。不一定要換工作,可以想想是否有餘力可以兼差、做個副業、或者學個新技能,這些都有機會讓自己的未來更有彈性。」

沈芮緹聽後,默默地拿起了酒杯,輕啜了一口紅酒,然後轉向王承遠,「學新技能確實挺重要的,尤其是現在網路上的資源那麼多,像是線上課程、網上創業的機會,可能會有意想不到的收穫。」她眉頭微微皺起,似乎在思索什麼,

「可是，對於一個五十多歲的人來說，要學會新技能或是創業，難度是不是有些過高呢？」

王承遠聽後，微微一笑，目光依舊柔和：「的確，對某些人來說，這是一條較為崎嶇的路。當然，學習新技能並不等於馬上能獲得高收入，這是一個循序漸進的過程。」他溫和地看向她，「但它能為她帶來的是多一個選擇的權利，一個更靈活的未來。而且，人生的每一個階段，始終都有再學習、再挑戰的空間。」

他頓了頓，低聲說道，「如果，在盤點完所有的資源後，還是無法有效地增加收入或存更多的錢，這時候就必須接受現實，也就是延後退休。」

桌子另一端的黃小米看起來有些失望地搖搖頭。「所以說，若是太晚開始準備退休金，無法在多數人都退休的年齡退休的可能性是極大的。」

王承遠的目光和善，帶著淡淡的微笑，他輕輕放下酒杯，語氣充滿鼓勵，「這是沒辦法的事情，理財本來就需要踏實。如果計算後發現真的無法如期退休，當然要想好對策，總不能為了如期退休而讓自己變得青黃不接吧？」

他看著黃小米，語氣沉穩而清晰地說：「所以，退休金的準備絕對是愈早開始愈好。同樣是準備一千萬的退休金，

在投資年化報酬率6.5%的假設下，二十五歲開始準備，每個月扣4,500元，便可以在六十五歲準時退休。這比我們剛剛提到的，從五十歲才開始做準備，則每個月要扣35,000元，壓力會少許多。」

聽到這個明顯的數字差距後，沈芮緹和黃小米不約而同睜大了眼睛，筷子停在半空中，露出不可置信的表情，。

沈芮緹的心微微一震，腦海中不禁想起了四十年後的自己跟她說的那些話。

「這個差距……真的有嚇到我。」沈芮緹放下筷子，輕輕吸了口氣，眼神清澈又堅定地說，「時間，真的是投資最好的朋友呢。」

王承遠聽了，微微一笑，像是在鼓勵她，語氣也溫柔了下來：「嗯，想要早點達到理財目標，方法其實都差不多啦──不是多存一點，就是給自己多一點時間，或者去尋找稍微高一點的報酬率。但是……」他頓了頓，語氣帶點感慨，「金額跟報酬率都很難控制，只有時間，是最容易掌握的，可偏偏也是最容易被忽略的。」

黃小米咬著筷子，眼神有點迷惘又有點認真，小小聲地嘀咕：「早知道就早一點開始存錢了啦……」

劉知蓉在一旁聽著，輕輕笑了笑，眼眸中透著一點溫柔

的感觸:「妳們都還年輕,現在開始準備壓力都不會太大。」

「退休規劃並不是一件一蹴而就的事,而是需要花時間逐步實現的過程。最重要的是,我們必須明確自己的目標,並勇於去實行計畫。」劉知蓉聽了很感概地說,她自己也是過來人。

「對啊。」王承遠點點頭,微微舉杯,像是在對她們也對自己說話似的,「就算一開始慢了一點,只要願意開始,比起什麼都不做,已經好太多了。」

喝了一口紅酒後,他繼續說道:「退休並不是生涯的終點,而是轉換另一種生活方式。只要還願意學、願意動,很多事情都有機會。」

四人靜靜地喝下杯中的酒,感受著這份溫暖的交流,彷彿在這樣的夜晚,一切的疑惑與不安都隨著紅酒的甘醇慢慢融化。

他微笑著提醒黃小米:「小米,你姑姑的狀況,我們是可以幫她想一些實際的策略。這些作法說起來也是幾分鐘的事情,但每一步其實都需要時間與思考。重點是她得真心想改變,而不是被動等待幫助。如果她本人沒有這決心及企圖心,沒有人可以幫得了她。而且,最好有人能陪著妳姑姑一步步走,這樣比較不會半途而廢。」

屋內靜了一會兒，只聽見湯匙碰觸碗緣的聲音。夏夜的風又吹了一陣，風鈴輕響，像是在提醒：每個選擇，都是一種回應。

Chapter 11

回到四十年前，遇見自己

希望妳過得比我好

　　沈芮緹坐在酒吧的角落，黃色的燈光輕輕灑落在酒杯上，映出微弱的光澤，整個空間彷彿凝固了時光。她的面容比同齡人顯得年輕許多，歲月在她臉上留下了些許痕跡，但並未削弱她的魅力，反而增添了幾分從容與優雅。

　　她已經許久不涉足酒吧了，不過，她今晚是有特別任務的。

　　離開職場許多年，這十幾年來，她的第二人生過得異常精彩，而作為 life coach，她在幫助他人的過程中，獲得了更多的幸福和滿足感。

　　她永遠記得，那一年初夏，因為陳利昂「逼婚」的壓力，她獨自搭車前往花蓮。

劉知蓉與王承遠帶領著她進入那扇理財與自我覺察的門，她開始學習理財，第一次聽見「複利的威力」。

她漸漸明白，金錢雖不是萬能，但沒有足夠的金錢，難以支撐日常與夢想。

她學習如何掌握自己的人生，讓自己活得更自在；她反思過去對金錢的使用方式，並理解到投資不僅是累積選擇的能力，更是一種對生活的重新定義。

話說回來，劉知蓉後來和王承遠還是在一起了。雖然兩人沒有結婚，但他們彼此的心意，已經不需要任何形式來證明，那樣的關係，也是一種人生的選擇。

「我們不是不選擇婚姻，而是選擇了更適合彼此的生活方式。」劉知蓉一邊剪著窗臺上的羅勒葉，一邊微笑著說，陽光從窗外灑進來，打在她的臉上，像一幅安靜的畫。

有時候，沈芮緹也會思考關於老伴的問題。

正如她所預期的那樣，當她由花蓮回到臺北後，她找陳利昂討論他們的未來。

她希望他再給她一些時間與空間，她想在工作上取得一些成就，並決定參加公司的 young talent 培訓計畫，並接受一年的受訓課程。

陳利昂不接受結婚以外的選項，憤怒地要求沈芮緹在婚姻與工作中做選擇。

「難道就不能再等幾年？」沈芮緹傷心地問。

畢竟，她才二十七歲。

「我說過，我養得起你，你不需要這麼辛苦地工作。」陳利昂的語氣強硬。

「馬上結婚，不然就分手。」他再次重申。

沈芮緹沉默了片刻，傷心但平靜地告訴他：「如果這是你的決定，我尊重你。」她的語氣中帶著一絲難掩的失望。

分手後，沈芮緹也曾經有過幾段感情，但始終沒有哪一段能讓她衝動到願意步入婚姻。

某個秋天的午後，黃小米來到她家坐坐，兩人閒聊的時候，順便整理陽臺上那些頑強生長的多肉植物。黃小米忽然停下手中的活，抬頭看著她，笑著問道：「妳真的不考慮找個伴嗎？」

黃小米一直是自由接案的工作者，這些年來，沈芮緹和她始終保持著極好的閨蜜情誼，常常分享彼此的生活與心情。

幾年前,黃小米與她的青梅竹馬結婚了,對方也是一位自由職業者,兩人過著彼此扶持卻不會互相束縛的生活方式。

沈芮緹看著陽光灑落在陶盆裡,微微一笑,輕聲說:「我已經習慣一個人的生活了。」

她知道,選擇單身不是拒絕愛情,而是不想把自己的幸福捆綁在某一個人身上。

與其等待某個人來填補心中的空缺,她更願意透過日常的練習、真誠的交流,以及內心的寧靜,慢慢地建立起一個穩定的自我連結。那分連結,成了她面對人生風雨時,最堅固的港灣。

她喜歡這種不斷證明自己價值的生活。

她總記得,那年入選公司總部的young talent培訓計畫,為期一年的訓練與歷練,在總部與全球分部間受訓與學習,不只讓她看見更宏觀的商業脈絡,也讓她深刻地明白:領導力,不是聲音大,也不是權威強,而是能否讓人願意與你同行。

從那之後,她的職涯像一條靜水潛流,穩定卻有力地向前延伸。她從行銷經理一路晉升到行銷總監,再成為臺灣執行長,最終在三十八歲那年,成為這間跨國企業歷年來最年

輕的大中華區負責人。

這一路走來,她從未刻意追求什麼,只是一步一步,走出屬於自己的節奏。

那些年裡,沈芮緹也從未停止自我精進。白天,她身處企業的核心戰略圈,擘畫藍圖、分析趨勢、擬定策略;夜裡,則換上舒服的家居服,泡杯熱茶,靜靜地打開筆電,記錄下當日的思緒與學習筆記,以及對理財與生活平衡的反思。

後來,她用筆名:「任心」,不露臉,不談工作背景,只在部落格上,用誠實又溫柔的筆調,和陌生人分享自己的理財故事、獨居生活與心情轉折。

最開始,並沒什麼人注意她的部落格,文章的點閱數常常停留在個位數,留言區也是長期空白。但她並不在意,只是默默地持續記錄。

慢慢地,悄悄起了變化。開始有陌生的讀者捎來私訊,說因為她的一篇文章,開始嘗試記帳;也有人留言提到的「投資前先理解自己的價值觀」,讓她找回了理財的初心。

她感受到一種前所未有的連結,那不是來自職場的成就,而是來自一種屬於她的影響力。

有一天，沈芮緹到黃小米家，聊到了她的部落格，以及那些私訊與留言的反饋。

「有沒有想過做影音呢？」黃小米說道。

「妳的聲音這麼有安定感，為什麼不來做 YouTube 或 podcast？可以將妳的經驗做更有效率的分享啊！我來幫妳做錄製及後製。」

沈芮緹笑著搖頭說：「我又不方便露臉，也不能講太多細節，畢竟我現在的職位……」

「正因為如此才珍貴啊！」黃小米眼裡閃著光，「妳部落格提到的那些困難與經驗，有些是很多人心裡有感，卻說不出口的；有些是他們還沒遇到、想到，但未來會面臨的問題。透過自媒體的力量，妳可以讓更多人聽聽不同的聲音。」

於是，她們開始了新計畫。

她們的頻道取名為「跟著心姐及米姐過生活」，風格乾淨簡約，以沈芮緹的聲音為主，黃小米設計視覺畫面與動畫，兩人分工明確又默契十足。每週一支影片，有時談理財、有時談職場情緒，有時只是靜靜分享一段人生的低潮。

沒多久，頻道的訂閱人數便穩定上升。最受歡迎的是一

支影片〈姐姐我為什麼不急著結婚？〉，溫柔又堅定的語氣，讓無數處在人生分岔口的女性觀眾，獲得一種莫名的理解與力量。

「我不是選擇孤獨，而是更珍惜自己的陪伴。」那句話，後來被廣為分享，傳遍了各種社群平臺。

沈芮緹從未把這些當作「副業」，她說那是一種內在秩序的延伸，一種讓她從組織高壓中，仍能保持柔軟的方式。

黃小米也在這樣的合作中，找回了創作的初衷。

「我們不是要紅，而是要溫柔且溫暖地活著。」她說。

沈芮緹很清楚，她的身分終究是不能曝光的。身為大中華區負責人，她需要維持一定程度的公私分際。但在這個網路頻道裡，她卻保持著某種真實狀態。那是真實的自己，不被頭銜定義、不需要完美，只需要誠實地活著。

她很滿意這種主業和隱藏的副業平衡的狀態。

直到那年冬天，沈芮緹第一次在晨間例行的會議中，感到一種說不出的疲憊。

會議室裡仍是熟悉的節奏即數據分析、簡報回饋、市場預測、策略修正，每一項都精準有序，沒有疏漏。但不知為何，她在會議室裡盯著那些線條與圖表，卻像站在窗邊望著

一場下不完的雨，心裡有股茫然感，慢慢升起。

不是厭倦。她熱愛這份工作，從年輕時的創意發想到後來帶領整個團隊，她付出了最好的自己，也收穫了他人眼中的成功。但就在這一刻，她忽然察覺，自己內心的光，早轉向了另一個方向。

另一方面，隨著職位不斷提高而增加的收入，以及長期持續有紀律的投資，她早已達到財富自由。

沈芮緹做出了選擇。人生後半場，她沒有打算贏得更多名聲與掌聲。

她想用慢一點的腳步，真一點的心，陪伴自己，也陪伴更多人。

這，就是她真正想做的事了。

轉型為 life coach，她開始以陪伴與引導的方式，幫助那些在人生轉彎處迷惘的人。她帶著學員盤點他們的資源，釐清內在渴望，從金錢、職涯到人際關係，一步步地看見自己真正的需要。

她知道自己很幸運，能夠在五十歲前，便擁有選擇的自由，而這份自由，來自於長年累積的紀律與自省。它不是突如其來的幸福，而是一步步走出來的結果。

「比起直接提供答案，我更希望幫助別人，尤其是年輕人，找到屬於自己的步調，並且願意開始對自己誠實。」沈芮緹心想。

而她自己，正是這樣走過來的。

許多年輕人擁有不錯的能力，卻不知道如何確定自己的方向，或是在不對的道路上努力著，就像是大學剛畢業的吳子澔。

他透過社群私訊沈芮緹，訊息中寫道：「您好，我已經投了幾十封履歷，但沒收到幾封面試通知。我是不是選錯了系？還是，我根本不夠好？」

第一次見面時，他的肩膀緊繃，眼中透露出焦慮與疲倦。談起自己的設計專業，他語氣中帶著些未來將被人工智慧取代的擔憂。

沈芮緹靜靜聽完後，並沒有急於鼓勵他，而是帶領他進行「價值盤點」練習，釐清他曾在不同領域中感到成就與滿足的時刻。

兩週後，吳子澔發現自己其實對社會議題有極大的熱情，特別關注弱勢族群的教育機會。原來，他曾自發性設計公益海報，並辦過校內募資活動。「我只是沒想過，這些也能算在我的履歷裡。」他感慨道。

「這些並不僅僅可以成為你履歷中的一部分，它更可能是你未來職涯的核心。」沈芮緹微笑著回應。

一個月後，吳子澔順利地進入了一家非營利組織，擔任初階專案管理師，參與社會倡議專案。

他寫信回饋：「我終於不再只是追求工作，而是參與我相信且喜歡的事。」

有些年輕人則對於金錢沒有良好的態度及觀念，每天在金錢壓力中度過。就像二十八歲的楊辰宇一樣。

他在一家中型企業擔任業務代表，收入不算太差，但因過去幾年的消費習慣不良，背負了約近百萬元的信用卡與貸款債務。這些負債讓他每月的收入幾乎全用來還款，生活困窘，心情也因此低落。

初次接觸沈芮緹時，他焦急地說道：「我真的不知道該怎麼辦，負債壓得我快喘不過氣來，對未來也失去了希望。雖然我還不到三十歲，但我覺得自己的人生已經沒有希望了。」

在他陳述自己的狀況的過程中，沈芮緹覺得似乎看到過去某部分的自己。

她也沒有急於提供解決方法，而是幫助他從根本理解目

前的財務狀況。

在沈芮緹的引導下，楊辰宇開始進行財務盤點，列出所有負債、收入與支出，並釐清每月的必要開銷。沈芮緹幫他進行了「財務優先排序」練習，並鼓勵他每月分配一小部分收入來支付自己真正渴望的事物，避免過度追求即時的物質滿足。

隨後，沈芮緹幫助楊辰宇探索自己內心的需求，並引導他思考生活中真正的價值。經過自我反思後，他重新設定目標，開始儲蓄並逐步還債，並將更多時間投入自己喜愛的事物，如運動與閱讀。三個月後，楊辰宇不僅能穩定還債，生活品質也有了顯著改善。

他寫信回饋：「雖然經濟上的挑戰依舊存在，但我覺得自己找到未來的希望，我已經開始掌控自己的人生。」

另外，沈芮緹也接觸過許多中高齡的個案。

有一位名叫張麗英的女士，六十六歲，兒女已經成家立業，自己獨居。

退休後，對於消費支出，她一直有焦慮感。

「我不是沒錢，但是，我不知道該怎麼用，也不太敢用。用太快會焦慮，怕自己活太久，以後沒錢用。」她說。

她的生活支出有愈來愈節省的傾向，讓自己的生活變得有些清貧、無趣，也沒有任何目標。

這個是一個典型的擔心長壽風險的個案。

在與沈芮緹的對話中，她提起年輕時的夢想：開一間安靜的小書屋，讓人免費閱讀，也能偶爾辦辦講座。

「可是，這個夢想太燒錢了。」她說。

「那是你想做的事嗎？」沈芮緹問。

她點點頭，「是啊，每次經過一些有特色小書店，我總是忍不住多看幾眼，同時幻想自己是老闆。」

於是，她們開始討論財務規劃：不是從如何經營書店的角度出發，而是從「能活多久、需要多少、想怎麼活」出發。

在量化了基本生活開銷、預留健康支出，並設定「夢想帳戶」後，張麗芳發現，自己其實有能力經營自己夢想中的「不以賺錢為目的」的小書屋。

一年後，她在自家社區租下一間十坪左右的小店舖，命名為「午後頁角」，每天開放四小時，放著自己珍藏的書，提供熱茶，有時播放輕音樂，也會邀請街坊鄰居分享故事，或是和社區活動中心合辦文藝講座。

她笑著說:「我沒想到,退休後的錢,竟然是為了活出自己,而不是只為了撐到生命的最後。」

沈芮緹記得,那天她心中浮現一句話:人生後半場,不是準備結束,而是學會如何開始。

她喜歡那種能夠陪伴、幫助別人的感覺。偶爾,她也會想起二十七歲那年夏天,遇見四十年後的自己。每當想起,她的心裡便湧上一股說不出的感謝。

「我真的很幸運啊。」沈芮緹輕輕地想。

這麼多年來,她心裡始終有個小小的疑問:「為什麼我可以有這樣的機遇呢?」這是她多年來心中的一個疑惑。

即使早已明白,那一切,都是因為「平行時空」的緣故。

每個人都在不同的時間軸裡活著,而她經歷的過去與現在,只是眾多時間軸中的一條分支。在某些關鍵時刻的選擇,將改變未來的一切。

她心想,自己也能在某個時段回到過去嗎?像當年遇見四十年後的自己那樣。

「如果當時做了不一樣的選擇,現在會是什麼模樣呢?」她輕聲自語,有著歲月痕跡的嘴角,浮現出一抹若有所思的

笑容。

這天,她正在自己的工作室裡,接待一位年輕的訪談者。

對方看起來年輕,卻有著與年齡不相符的沉穩氣質,彷彿身上籠著一層淡淡的神秘的光。

他說,他的名字是River。

交談過程中,沈芮緹不覺得他有什麼需要她協助的地方。他似乎真的只是前來閒聊,卻又像帶著某個目的。

忽然,River提到了平行時空,沈芮緹怔怔地看著他,思緒拉回了四十年前的那個早晨。

「妳還記得四十年前妳曾經有一個奇妙的機遇嗎?」他的眼神認真而溫和,聲音帶著一絲奇妙的魔力:「如果妳願意,我可以讓妳回到四十年前,讓妳和年輕的自己聊聊,就像四十年前的妳遇到的一樣。」

「當然,」他微微一笑,像是將選擇權交到她的手上:「妳也可以拒絕。」

這個突如其來的機會,就像一道閃電,劃破了沈芮緹心裡某個隱隱作痛的角落。

她彷彿在一瞬間，看見了那個可能錯過的機會，還有未曾走上的道路。

她決定回到那個迷惘又孤單的夜晚，一如不同時間軸的自己，回到過去，遇見年輕的自己。

沈芮緹本來想問River為什麼她可以有這番奇遇？但她馬上打消這個念頭。

「一切都是最好的安排。」她想，如果命運如此安排，就不需多問。

River微笑著，從口袋裡掏出一只銀色的懷錶，動作輕柔得像是怕驚動什麼似的。

那懷錶的表面已經有些磨損，邊緣微微發亮，像是經過了無數次指尖的撫摸。

沈芮緹覺得那懷錶，似曾相識。

他把懷錶輕輕地放在沈芮緹手心，讓她緊緊地握著，並低聲說道：「當妳準備好的時候，閉上眼睛，想著妳想回去的那一刻。時間的門，就會為妳打開。」

沈芮緹低頭看著掌心的懷錶，指尖傳來微熱的溫度。

原來，一切都是因為這支錶。她想。

沈芮緹緩緩地閉上眼眼,想著四十年前的那個被求婚的夜晚,一顆淚水慢慢地滑過她略帶歲月痕跡的臉龐。

她將帶著四十年光陰的經驗與溫柔,準備引導那個迷路的自己,走向更明亮的未來。

＊＊＊＊＊＊＊＊＊＊＊

清晨的光線透過窗簾縫隙灑進來,沈芮緹坐在沙發旁,看著年輕的自己安靜地睡著。

我希望妳過得比我更好。沈芮緹想。

床上的人有些動靜,似乎要醒了。沈芮緹走向廚房準備煮熱奶茶。不一會兒,茶香和著奶香在空氣中飄散開來,她輕輕端起茶托,緩緩地走向年輕的沈芮緹。

她微微一笑,低聲說道:「醒了啊?」

這一天,對年輕的她來說,將是一個新的開始。

附記

沈芮緹的理財學習筆記

沈芮緹的理財學習筆記：寫下100個人生清單，與自己對話的起點

- 🖉 你想過的，是誰的人生？
  - ✓ 目標是努力的方向，沒有目標的努力是空洞的。
  - ✓ 無論多努力，若方向不明，終究在原地打轉。
  - ✓ 我們常追著別人的節奏跑：30歲存婚禮基金、35歲育兒金、40歲買房、65歲退休——這些目標合理，卻不一定屬於你。
  - → 問問自己：這些目標，真的是我想要的嗎？還是只是社會期待的樣子？

- 🖉 思考與自我探索
  - ✓ 自我探索的過程很漫長，有時會自我欺騙，將未來想得過於美好。

- ✓ 做決定的數量：成年人每天大約做出35,000個決定，其中超過200個關於食物選擇。
- ✓ 真正屬於「深度思考」的決策少之又少（只有10～50次）。

🖉 如何找出自己的目標？
- ✓ 聚焦：列出自己心中真正想做的100件事。
- ✓ 寫下「我真正想做的100件事」，是一種自我覺察。這些願望可以很小，也可以很瘋狂，不需要符合現實，只需要符合你的心。
- ✓ 自我探索並非一蹴而就，很多想法在思考過程中會不自覺地被否定或放棄。
- → 正是這樣的過程，才幫助我們逐步清楚自己真正的渴望。

🖉 理財的情緒：
- ✓ 盲目相信一夜致富與悲觀的無力感常常交替出現。
- ✓ 設定理財目標：真誠地面對內心真正的需求，不要被外界期待左右。

🖉 列出100個清單，尤其是針對人生目標或夢想清單，是一個深度自我探索的過程。這個過程不僅能幫助我們更清楚自己真正想要的，還能開啟許多潛在的渴望和未曾發現的可能性。

1. 準備與心態調整
   - ✓ 設置時間：找一個安靜的時間，最好是無打擾的環境，可以讓自己完全專注於這個過程。
   - ✓ 保持開放：這個過程不需要過於拘泥於現實，目標是挖掘內心深處的渴望與想法，無論看起來多麼不切實際，都可以寫下來。

2. 深入思考自己的價值與渴望
   - ✓ 反思過去的經歷：回顧過去你所喜歡的事、做得最投入的事情、最讓你感動的瞬間，這些往往可以透露出你內心的渴望。
   - ✓ 詢問自己問題：
     + 你希望如何度過每一天？
     + 你希望達成什麼樣的生活目標？
     + 如果你無所顧慮，願意冒險，你會做什麼？
     + 你對哪些事物感到激動或充滿熱情？

3. 設定清單的範圍
   - ✓ 涵蓋多方面：清單不僅限於理財或事業，還可以包括健康、人際關係、旅行、學習、興趣等各個方面。
   - ✓ 短期與長期並行：列出一些可以在短期內達成的目標，也可以寫出那些需要更多時間、資源和努力的長期目標。

4. 開始書寫清單
   - 第一步：不加限制地書寫
     - 在紙上列出你的想法。初期不用太過考慮實現的可行性或是否合理，只要寫出你想到的所有目標或願望。
     - 這些目標可以是具體的，也可以是抽象的，例如「環遊世界」、「成為更有耐心的人」。
   - 第二步：探索細節
     - 對每個目標進行具體化。例如，如果你寫下「環遊世界」，那麼你可以進一步拆解，目標可以具體成「前往10個國家」、「每年旅行一次」等。
   - 第三步：避免過於自我限制
     - 過程中避免過多的「現實」思考，讓自己放開束縛。這是一個「夢想清單」，並不是「當前能做到的清單」。

5. 分類與精煉
   - 將清單分類：將清單中的目標分為幾個類別，例如「職業」、「健康」、「財務」、「人際關係」、「創業」、「學習」等。這有助於整理思路，並讓你在後續設立計劃時更有條理。
   - 挑選優先事項：從100個目標中挑選出最重要的，例如10～20個目標。這些應該是你最為渴望且能激發你持續動力的目標。

6. 檢視與調整
   - ✓ 定期回顧與調整：隨著時間推移，你的目標會有變化。每隔幾個月回顧清單，檢視哪些目標已經完成，哪些目標需要調整。
   - ✓ 真誠對待自己的需求：列出目標後，花點時間反思這些目標是否真的是你內心深處的渴望，而非外界的影響。

7. 給自己空間
   - ✓ 在過程中，給自己充足的時間來思考並寫下目標。不要急於完成，讓這個過程成為一種探索人生目標的旅程。

8. 記住：目標並非最終目的
   - ✓ 過程比結果重要：這100個目標不必都是最終的目標，而是引導你走向自我實現的一部分。很多時候，實現過程本身比結果更加重要。

沈芮緹的理財學習筆記：財務健康的衡量指標

這八個指標就像一份健康檢查報告，幫助一一檢視自己財務的健康狀況。
不一定要馬上做到很完美，但至少知道自己在哪裡還需要加強，就不會亂花錢與感到焦慮了。

1. 儲蓄率（Saving Rate）
   - ✓ 公式：儲蓄率＝（收入－支出）÷收入×100%

- ✓ 健康標準：至少20％以上
- ✓ 意思：每個月賺的錢扣掉開銷後，至少要存下20％。如果你的儲蓄率太低，表示你無法執行更長期的理財目標，財務健康堪憂。

2. 緊急備用金（Emergency Fund）
   - ✓ 標準：至少3〜6個月的生活費存款。最好是6個月。
   - ✓ 意思：如果突然失業、生病或發生意外，這筆錢能幫助你撐過一段時間，而不會立刻陷入財務危機。

3. 負債比率（Debt-to-Income Ratio, DTI）
   - ✓ 公式：每月還款總額 ÷ 每月收入 ×100％
   - ✓ 健康標準：不超過 30％
   - ✓ 意思：你的薪水不能有太大比例拿來還債。如果債務占收入太高，生活品質會受影響，甚至無法存錢。

4. 淨資產比（Net Worth Ratio）
   - ✓ 公式：淨資產＝資產總額－負債總額
     → 淨資產比＝淨資產 ÷ 總資產 ×100％
   - ✓ 健康標準：淨資產為正數，且隨時間增加
   - ✓ 意思：如果你的資產（存款、投資、房產等）減去負債（貸款、信用卡債等）後還是正的，代表你的財務狀況穩定，反之則要小心。

5. 投資資產比率（Investment-to-Total Assets）
   - ✓ 公式：投資資產 ÷ 總資產 ×100％
   - ✓ 健康標準：至少50％
   - ✓ 意思：存款雖然重要，但單純存錢無法讓資產成長。健康的財務狀況應該讓投資資產占比達到一半以上。

6. 財務自由指數（Financial Independence Ratio）
   - ✓ 公式：被動收入 ÷ 必要支出 ×100％
   - ✓ 健康標準：達到100％就財務自由
   - ✓ 意思：如果你不工作，被動收入（如投資收益、租金等）就足以支付所有必要開銷，代表你已經財務自由，不再受薪水束縛。

7. 保險覆蓋率（Insurance Coverage Ratio）
   - ✓ 標準：至少涵蓋醫療、壽險、意外險，視情況增加長照險或財產保險
   - ✓ 健康標準：保障額度足以支付重大醫療費用、意外事故或家庭責任開支
   - ✓ 意思：保險的核心功能是風險轉移，確保突發事件（如生病、意外、身故）不會嚴重影響家人或個人財務狀況。如果沒有足夠的保險，一場意外可能導致財務崩潰，即使存款和投資再多，也可能因高額開支而被侵蝕。

8. 退休準備率（Retirement Readiness）
   - ✓ 標準：至少準備年收入的25倍
   - ✓ 意思：如果你每年花100萬，退休時至少要有2,500萬（100萬×25），這樣才能確保退休後生活無虞。

沈芮緹的理財學習筆記：記帳怎麼變得比較簡單？

記帳，比想像中難。一開始滿腔熱血，結果不是忘了記錄，就是不知道該怎麼分類。昨天去夜市買了飲料、鹽酥雞和一些小飾品，回家打開記帳App，愣了很久都不知道該放哪一類……

🖉 記帳初學者常見問題：
- ✓ 常常忘記記錄。
- ✓ 分類太複雜，不知道怎麼分。
- ✓ App太花俏、功能太多，反而用不下去。

🖉 幾個記帳原則：
1. 分類越簡單越好
   先從「飲食」、「交通」、「娛樂」、「生活費」幾個主要分類開始就可以，不用一開始就追求完美分類。
2. 消費當下就記錄
   如果可以，當場記最好。真的來不及，就保留發票或收據，睡前補記也行。
3. 固定睡前五分鐘檢查今天的開銷
   我已經在手機設了提醒，讓自己慢慢養成習慣。

🖉 記帳的重點不是記錄了什麼，而是分析！
「記帳真正的目的是認識自己的花錢習慣，然後慢慢調整。」
→ 所以：
   - ✓ 記完帳後要回頭看看錢都花在哪些地方。

- ✓ 問問自己:「這筆花費有沒有可能減少?可不可以用別的方法取代?」
- ✓ 重複這個練習,會越來越了解自己。
- → 舉例來說,如果每天都買咖啡,一個月下來可能也花了不少錢,就可以考慮自己在家煮,或者幫自己設一個「咖啡預算」,例如每月1,000元,超過就暫時不買。
- →「記帳不是要你什麼都不花,而是讓你清楚自己的錢花去哪了。」

沈芮緹的理財學習筆記：關於哈福・艾克（T. Harv Eker）的「六個帳戶理財法」的核心概念，與小阿姨的建議比例

這套方法其實並不複雜，反而有種生活秩序井然的美感，像是把雜亂的財務狀況，收進了六個有溫度的小抽屜。
小提醒：每個月的收入，應該依照用途分成六個不同的帳戶，各自有清楚的任務，不混用。這樣做，既能穩定生活，也為未來的財務自由打下基礎。

---

1. 財務自由帳戶（Financial Freedom Account，建議占收入 10%～15%）
    - ✓ 功能：這是為「未來不必工作也能生活」做準備的帳戶。
    - ✓ 用途：只能用來做投資（如股票、基金、不動產等），不可拿來花費或挪作他用。
    - ✓ 心得：這個帳戶像是為未來的自己設的一個夢想資金池，是最「長線」的理財目標，需要時間與紀律慢慢累積。小阿姨提醒我，學習投資是可以循序漸進的，不用急。

2. 長期儲蓄帳戶（Long-term Saving Account，建議占收入 10%～15%）
    - ✓ 功能：為人生重要支出做準備，例如買房、進修、孩子教育等。
    - ✓ 用途：可存放在較安全但有些微投資報酬的工具裡。
    - ✓ 心得：和「財務自由帳戶」不同的是，這是有預期使用時

間的資金。
→ 先集中力量建立好「緊急預備金」（6個月生活費），再開始準備這個帳戶。

3. 教育訓練帳戶（Education Account，建議占收入10％）
   ✓ 功能：投資自己，持續學習與成長。
   ✓ 用途：可以用來買書、上課、進修、學習新技能。
   ✓ 心得：這筆錢「一定要用」，不能省。因為學習就是一種長期的投資，它會提升我的收入潛力，也可能帶來新的收入來源。想到我以前常因為課程太貴而猶豫，現在可以更放心地學習了。

4. 休閒娛樂帳戶（Play Account，建議占收入10％）
   ✓ 功能：讓生活有享受，有喘息的空間。
   ✓ 用途：按摩、旅行、聚餐、買喜歡的小東西……這筆錢「一定要花光」！
   ✓ 心得：我超喜歡這個帳戶！原來理財不是一味地省錢，也要懂得疼愛自己。這是一筆為了快樂而存在的預算，小阿姨說得好：「小確幸帳戶」真的太貼切了。

5. 貢獻與付出帳戶（Giving Account，建議占收入5％～10％）
   ✓ 功能：回饋社會，傳遞善意。
   ✓ 用途：捐款、參與公益、幫助身邊需要的人。
   ✓ 心得：這筆錢不是為了證明自己有愛心，而是提醒自己，金錢可以是柔軟的力量。能付出，是一種幸福。這

讓我想到生活裡其實有很多溫柔的角落，需要我們主動去點亮。

6. 生活支出帳戶（Necessities Account，建議占收入40％～50％）
   - ✓ 功能：維持日常生活的基本支出。
   - ✓ 用途：房租、水電、交通、食物、基本保險等。
   - ✓ 心得：這是最基本的帳戶，但隨著收入增加，應該努力讓它的比例逐漸下降，避免生活膨脹太快。用有限的資源過有質感的生活，也是一種能力。

✎ 總結：
這六個帳戶的分配比例可以依生活狀況做微調，但小阿姨提醒我：
- ✓ 拿到薪水後，第一件事就是把錢分配好，不是花剩的才拿去儲蓄。
- ✓ 最好為每個帳戶開設獨立帳號，避免混淆與誤用。
- ✓ 理財不是一場短跑，是馬拉松。

沈芮緹的理財學習筆記：財務健康初檢報告

一開始，其實我對「財務健康」這四個字完全沒有概念，幾乎是個月光族；現在，我終於鼓起勇氣打開存摺，整理出自己的財務狀況。以下，是我這個「前月光族」的初步財務體檢紀錄，也就是我的第一次財務體檢紀錄：

✐ 目前月收入及現金資產
- ✓ 月薪：6萬元
- ✓ 銀行帳戶存款：24萬元
  - → 雖然不多，卻也是我努力留下來的一點安全感。

1. 儲蓄率
   - ✓ 公式：儲蓄率＝（收入－支出）÷收入×100％
   - ✓ 健康標準：至少20％
   - ✓ 我的狀況：幾乎沒存錢，甚至有點入不敷出。
     - → 也就是說，花錢比賺錢還快。

2. 緊急備用金
   - ✓ 標準：3～6個月的生活費。小阿姨建議：最好存到6個月。
   - ✓ 若以每月支出3萬來算，至少需要備用金18萬元。
   - ✓ 我的狀況：存款雖然有24萬，但依目前每個月幾乎沒有結餘的情況，如果不調整支出，存款只能撐4個月。
     - → 缺口大約還有12萬。

3. 負債比率
   - ✓ 公式：每月還款總額 ÷ 每月收入 ×100％
   - ✓ 健康標準：不超過30％
   - ✓ 我的狀況：沒有負債。
     - → 雖然沒什麼存款，但也沒有債務，至少心理壓力不會太大。

4. 淨資產比
   - ✓ 公式：淨資產＝資產總額－負債總額
     - → 淨資產比＝淨資產 ÷ 總資產 ×100％
   - ✓ 健康標準：為正數，且能逐年成長
   - ✓ 我的狀況：淨資產24萬元 → 淨資產比100％
     - → 雖然不多，但至少沒有負債。

5. 投資資產比率
   - ✓ 公式：投資資產 ÷ 總資產 ×100％
   - ✓ 健康標準：至少50％
   - ✓ 我的狀況：目前是0％。
     - → 完全沒有投資，該開始了。

6. 退休準備率
   - ✓ 標準：年收入的25倍。若年收入是72萬元，目標應是1,800萬元。
   - ✓ 我的狀況：0％。
     - → 以前從沒想過退休的事，現在看來是該補上的人生課題。

7. 財務自由指數
   - ✓ 公式：被動收入 ÷ 必要支出 ×100％
   - ✓ 健康標準：100％代表財務自由
   - ✓ 我的狀況：0％。
     → 也就是說，如果明天離職，過一陣子，我可能連咖啡都買不起。

8. 保險覆蓋率
   - ✓ 標準：至少涵蓋醫療、壽險、意外險。可視需求加上長照或財產保險。
   - ✓ 我的狀況：目前有醫療險（含癌症險）與壽險，尚未有長照險。
     → 需要再請教專業人士，評估是否要補強。

✎ 六大理財帳戶：依據每月收入6萬的分配練習

帳戶名稱	建議比例	每月金額（元）
財務自由帳戶	10～15％	6,000～9,000
長期儲蓄帳戶	10～15％	6,000～9,000
教育訓練帳戶	10％	6,000
休閒娛樂帳戶	10％	6,000
貢獻付出帳戶	5～10％	3,000～6,000
生活支出帳戶	40～50％	24,000～30,000

為了讓理財計畫順利啟動，我要控制每月生活支出在3萬元以內，讓其他五個帳戶開始一點一滴地發揮力量。

🖉 小結
- ✓ 雖然我的財務起點不算漂亮，但好消息是我開始面對它了。
- ✓ 比起存款的數字，更重要的是心裡的方向感。
- ✓ 未來也許還有許多調整與學習，但我相信：自由，是一點一點存回來的。

沈芮緹的理財學習筆記：關於「買房這件事」

買房不是夢想的終點，而是人生規劃的一部分。

---

1. 第一次買房，要準備多少自備款？
   - ✓ 貸款成數的部分，銀行會針對房屋條件、申貸人收入或信用狀況等因素去審核，銀行房貸通常是七成至八成。
     - → 也就是需要準備二至三成的頭期款。
     - → 如果房子總價是600萬，那就要準備約120～180萬的自備款。
   - ✓ 小提醒：這不包含裝潢費、稅費、管理費與日後維修費哦！

2. 房貸支出要控制在多少比較健康？
   - ✓ 健康標準是：每月房貸支出 ≤ 每月收入的30～40％
     - → 以我目前月收6萬來看，房貸最好控制在1.8萬～2.4萬之間。

3. 可負擔的房價試算
   - ✓ 以每月負擔1.8萬房貸、利率2％、貸款年限30年、貸八成來看：
     - → 大概可以買的房子總價是：500～600萬
     - → 頭期款需準備：120萬～150萬左右
   - ✓ 結論：以現在的條件，在臺北市買房真的有點吃力，或許可以考慮看看新北市的「蛋白區」。

4. 房貸不是全部，還有生活要顧！
    - ✓ 小阿姨提醒我：
      「生活不能只有房貸，還有日常支出、投資規劃、緊急預備金……」
      - → 不能為了買一間房，把自己壓得喘不過氣來。
      - → 漂亮的房子，住起來如果每天都要精打細算，真的會快樂嗎？

5. 在目前的收入條件下，有沒有其他方法可以提早實現買房願望？
    - ✓ 小阿姨提出一個我沒想到的選項：
      買房 → 租出去 → 住家裡 → 用租金支付房貸一部分
      - → 這樣不但有資產，房貸壓力也能減輕，還能繼續存錢、學習投資。
      - → 前提是必須和爸媽商量，並取得他們的同意與支持。畢竟，我已經成年了，不能夠如此「理所當然」地啃老。

6. 比起「買不買得起」，更該思考的是「怎麼讓自己更有選擇權」
    - ✓ 比起擔心房價，不如努力讓自己收入變高。當收入增加了，選擇自然也就多了。
      - → 與其盯著那些高不可攀的臺北房價發愁，不如腳踏實地，把投資帳戶、長期帳戶慢慢建起來，讓自己的財務肌肉越來越強壯。

沈芮緹的理財學習筆記：時間、複利效果、與通貨膨脹

與其追逐短期操作的快速致富，不如欣賞長期主義的細水長流

1. 投資的主要目標
   - ✓ 投資的目的大致可以分為：
     - ✦ 增加財富
     - ✦ 創造被動收入
     - ✦ 對抗通貨膨脹
     - ✦ 特定目標資金準備
     - → 其中，「增加財富」和「特定目標資金準備」是我這種一般上班族最直接會接觸到的。
   - ✓ 進一步還有：
     - ✦ 資產配置與風險管理
     - ✦ 稅務規劃
     - ✦ 增進社會影響力（像是影響企業永續發展之類）
     - → 這些先了解有這回事就好，初期重點還是放在增加資產跟存錢達成個人目標。

2. 投資要靠時間累積
   - ✓ 「一夕致富的機率非常低，時間是投資中最重要的朋友。」
     - ✦ 投資需要長時間累積，不是靠短期賭博或奇蹟。
     - ✦ 金融市場（定存、股票、債券等）都需要時間來放大效果。

3. 複利效果（Compound Interest）
   - ✓ 「複利就是讓錢滾錢，利息也能生利息。」
   - ✓ 簡單理解：
     - ✦ 本金產生利息
     - ✦ 利息不領出來，讓它留在帳上
     - ✦ 下次計算利息時，本金＋利息一起產生新利息
     - → 就像滾雪球，雪球越滾越大！

   - ✓ 【超簡單】複利效果公式
     未來金額＝現在金額×（1＋成長率）^期間
     舉例：
     如果每年成長5％，10年後是現在金額×(1.05)^10

   - ✓ 實際例子
     假設每年存入10,000元，年利率5％：
     - 第一年：本金10,000 → 500利息 → 10,500
     - 第二年：本金10,500 → 525利息 → 11,025
     - 第三年：本金11,025 → 551利息 → 11,576
     - → 不是單純的500×3！是越來越多！
     - → 如果這樣存20年→最後會有26,533元（只靠5％年報酬）。
   - ✓ 核心重點
     - ✦ 開始得越早，複利效應越明顯！
     - ✦ 金錢、關係、健康、思考、習慣……人生各方面都存在「複利」的力量。

4. 通貨膨脹（Inflation）
   ✓ 「投資的另一個重要目標是打敗通膨。」
      ✦ 通膨就是物價上漲，貨幣購買力下降。
      ✦ 如果年通膨率2%，物價每年都會增加2%。
      ✦ 長期下來，物價不是線性上升，而是指數上升（也有複利效果）。

通膨是最需要留意，但最容易被忽略的風險

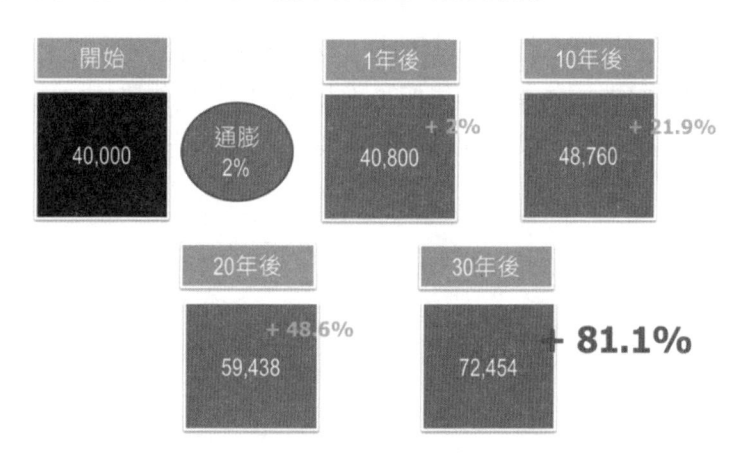

開始	1年後	10年後
40,000	+2% 40,800	+21.9% 48,760

20年後	30年後
+48.6% 59,438	+81.1% 72,454

通膨 2%

   ✓ 實際模擬
   假設現在生活費是30,000元／月，預計40年後退休：
   - 以簡單線性推算：
     30,000×（1＋2%×40）＝54,000元／月
   - 但正確的指數型（複利）推算，實際上會更高！
   → 可以透過Excel計算，或是查複利終值表。

- ✓ 核心重點
  - ✓ 如果投資報酬率低於通膨率,資產等於慢慢貶值。
  - ✓ 投資最起碼要「跑贏通膨」。

✏️ 我的思考

「時間是最大的武器,複利是最強的加速器。早點開始,持續前進!」

- ✓ 開始記帳,了解自己的開支。
- ✓ 訂立目標,控制生活開支,合理規劃退休資金。
- ✓ 以打敗通膨為基本目標,設計自己的投資計畫。
- ✓ 透過長期投資+複利滾動資產。

沈芮緹的理財學習筆記：風險、報酬、與理財工具

- 🖉 學習投資前，先釐清觀念
  - ✓ 投資不是逃避現實的藉口，而是一場需要「紀律、理解和時間」的修行。
  - ✓ 有時投資新手會一開始就遇到好運，但這不代表能長久依賴投資過生活。
  - ✓ 最穩健的方式是「本業與投資並進」，讓自己具備多種選擇生活的能力。

- 🖉 投資前，必須先理解的兩個核心概念
1. 報酬（Return）
    - ✓ 投資的回報，也就是預期獲得的利益。
    - ✓ 每項投資工具都有不同程度的報酬，但需要評估其合理性與可持續性。
2. 風險（Risk）
    - ✓ 指的是未來可能發生的不確定性、損失，或結果與預期不符的可能。
      - → 舉例來說，就像玩夾娃娃機，偶爾運氣好，但多數時候投很多硬幣卻一無所獲。
      - → 真正厲害的人會先判斷是否值得投入、觀察機率、計算可能損失。
    - ✓ 重要觀念：「高報酬常伴隨高風險」，但風險高≠一定會有高報酬。

- 主要投資工具（需持續學習與理解）
    - 股票（Stock）
    - 債券（Bond）
    - 基金（Fund）
    - 房地產（Real Estate）
    - 商品（Commodity）
    - 衍生品（Derivative）
    - 外匯（Currency）
    - 加密貨幣（Cryptocurrency）
    - ETF（指數股票型基金）

每種工具的報酬與風險都不同，選擇時要根據自己的需求、風險承受能力、目標來判斷是否適合。

- 風險來源的常見因素
    - 市場波動（如股市上下震盪）
    - 經濟變化（例如通膨、景氣衰退）
    - 公司經營狀況（營運不如預期）
    - 國際政經情勢、政策變動、貨幣環境改變
    → 風險無法完全消除，但可以透過學習與風險管理，降低損失機率，保護資產。

主要投資工具：股票

- 股票是什麼？
  - ✓ 股票＝公司部分所有權的證券。
  - ✓ 買股票＝成為公司股東。

- 股票的報酬來源
  - ✓ 股價上漲：當公司業績好或市場看好，股價會上漲，股東可以透過賣出股票獲得差價。
  - ✓ 股息：如果公司表現良好，會分紅（股息）給股東，這是公司盈餘的一部分。

- 主要風險：
  - ✓ 市場風險：股市的波動性大，受到經濟狀況、政治事件等影響，股價可能劇烈波動。
  - ✓ 公司風險：公司的經營狀況不佳、財報不如預期，可能導致股價下跌。
  - ✓ 流動性風險：某些股票可能較為冷門，交易不活躍，難以快速賣出。

📎 股票評估的四種分析方式

分析方式	說明	適用時機
基本面分析	分析公司體質（財報、競爭力、經營團隊、產業前景、估值等）	長期投資，找潛力股
技術面分析	觀察股價圖表（K線、均線、量價）掌握買賣時機	短線、波段操作
籌碼面分析	追蹤資金流向（外資、投信、大戶）	判斷市場熱度
總體經濟分析	觀察大環境（利率、GDP、就業率、通膨等）	選擇產業類別、掌握投資氛圍

📎 投資觀念補充
- ✓ 市場波動是一時的，基本面才是長期投資的核心。
- ✓ 技術面分析反映的是市場情緒，不關注公司價值。
- ✓ 籌碼面可做輔助參考，但不能單靠。
- ✓ 總體經濟狀況會影響整體市場氛圍，即使好公司也可能受到波及。

📎 停損觀念
- ✓ 停損＝風險控管工具，避免虧損擴大。
- ✓ 是否停損應根據對該公司基本面的信心來判斷。
- ✓ 若只是短期波動，未必需要急著賣出。

✎ 提醒
- ✓ 投資不是考試,沒有標準答案。
- ✓ 找到適合自己的節奏與方法最重要。
- ✓ 每種投資策略(基本面派、技術面派、短線交易、長期持有)都有其邏輯。
- ✓ 了解自己在做什麼,也知道為什麼這麼做,就不容易被市場牽著鼻子走。

✎ 心得摘要
- ✓ 選股不能只靠「感覺」或「順眼」,而是要看懂它的「價值」與「未來」。
- ✓ 學會投資,就是學會在不確定中做出判斷。

主要投資工具：債券

- 債券是什麼？
  - ✓ 是政府或公司向投資人借錢的「借據」或「契約」。
  - ✓ 我買債券＝我是債權人，對方（政府/公司）是債務人。
  - ✓ 債券會在一定期間內定期支付利息（固定收益），到期後歸還本金。

- 債券的報酬來源
  - ✓ 主要報酬來自：
    - ✦ 利息收入（固定）
    - ✦ 有時也有資本利得（若債券價格上漲並賣出）

- 主要風險：
1. 信用風險（最關鍵）
   - ✓ 指發行債券的政府或公司無法如期支付利息或償還本金的風險。
   - ✓ 一旦發行方財務出問題，可能導致「倒帳」，投資人血本無歸。
   - ✓ 因此，不能只看利率高不高，還要研究發行方的財務狀況、產業背景、信用評等等。
2. 利率風險
   - ✓ 債券價格會隨市場利率變動。
     - ✦ 利率升高→已發行的債券價格下跌（因為舊債券的利息比較低）

- ✦ 利率降低→已發行的債券價格上漲（舊債券的利息變得更有吸引力）
  - → 關鍵是「錢的時間價值」：利率變動會影響未來現金流的現值。
3. 匯率風險
  - ✓ 如果購買的是外幣計價（如美元、日圓）的債券，最終將其換回臺幣時會受匯率波動影響。
  - ✓ 若臺幣升值，兌回的金額會比預期少→產生匯兌損失。
  - ✓ 所以除了債券本身，也要留意匯率走勢。
4. 再投資風險
  - ✓ 每年領到的債券利息若再投入時，市場利率變低，會找不到相同收益的投資工具。
  - ✓ 結果：整體報酬率被拉低。
5. 流動性風險
  - ✓ 想賣債券時，若市場上買家不足，會難以快速出售，或只能接受較低價格。
  - ✓ 冷門債券、交易量小的債券特別容易遇到這種情況。
  - ✓ 股票等其他資產也可能面臨類似問題。

主要投資工具：共同基金

- 共同基金是什麼？
    - 是許多投資人將資金集中，由專業的基金經理操作投資組合。
    - 投資標的可能包含股票、債券、房地產、黃金、外匯等。
    - 目的是分散投資，降低單一資產波動對整體資產的影響。
    - 適合資金有限、無法自行分散投資的投資人。

- 共同基金的優點
    - 專業經理人操作，可即時調整策略。
    - 分散投資、降低個別資產風險。
    - 投資門檻較低，小額也能參與。

- 主要報酬來源：
    - 資本利得：基金所投資的資產增值時，基金的淨值上升。
    - 配息收入：部分基金會定期或不定期配息，將投資收益分配給投資人。

- 共同基金的風險與注意事項
1. 市場風險
    - 基金投資的標的仍會受到市場大環境影響。

- ✓ 若市場整體下跌，基金表現可能也會跟著下跌，即使分散投資也無法完全避免。
2. 經理人操作風險（管理風險）
    - ✓ 基金績效與經理人的選股、選債能力密切相關。
    - ✓ 若判斷錯誤或經理人更換，可能導致績效不穩。
    - ✓ 即使市場上漲，基金表現未必同步，需留意經理人操作能力。
3. 流動性風險
    - ✓ 若基金投資標的是新興市場、不動產等較難立即變現的資產，在市場動盪時可能會出現贖回困難或價格波動加劇。
4. 成本費用（風險）
    - ✓ 基金會收取經理費與保管費。
    - ✓ 主動型基金若長期無法打敗市場指數（如大盤），加上高費用，實際報酬可能比預期低。
    - → 因此需比較不同基金的績效與費用結構是否合理。

🖉 心得：

共同基金讓一般人也能進行分散投資，對於無法花太多時間研究的人而言是個好選擇，但仍要謹慎挑選。不能只看過去績效，更要注意基金經理人、投資標的、風險控制能力與費用結構。

→ 記得：任何投資都需要基本了解，不能全交給別人決定。

主要投資工具：ETF（交易所交易基金）

- ETF 是什麼？
  - ✓ 全名：Exchange Traded Fund（交易所交易基金）。
  - ✓ 結構類似共同基金：集合眾多投資人的資金，投資一籃子資產（如股票、債券）。
  - ✓ 與傳統基金不同：ETF 可以像股票一樣在市場中隨時買賣，價格即時反映市價，而不是一天只有一個淨值。

- ETF 的特色與優勢
  - ✓ 靈活交易：可在股市開盤時間內隨時買賣，不需等收盤。
  - ✓ 多為被動式管理：追蹤指數，如臺灣50、S&P500、NASDAQ 100等。
  - ✓ 費用低廉：因為不需主動選股，基金管理費用相對低，透明度高。
  - ✓ 適合長期投資：穩定、低成本，對於不想頻繁操作的人是理想選擇。
  - ✓ 分散風險：一檔 ETF 通常持有多檔資產，降低單一公司風險。

- 主要報酬來源：
  - ✓ 資本增值：ETF 隨著所跟蹤指數的表現而增值或貶值。
  - ✓ 配息：ETF 投資於股息債息支付的資產，也會向投資者分配股息。

✎ ETF 的風險與注意事項
1. 市場波動風險
   ✓ ETF 會跟著追蹤的市場或產業的價格上上下下。
   ✓ 若追蹤的是特定產業或主題（如科技、半導體），波動可能更大，風險集中。
2. 折溢價風險
   ✓ ETF 是用市價買賣，有時候市價會高於或低於它的實際資產價值（即淨值）。
   ✓ 在市場不穩時，可能會「買貴」或「賣低」。
3. 交易成本
   ✓ 雖然 ETF 費用低，但每次買賣仍需支付交易手續費，頻繁交易下，成本也會變得可觀。
4. 槓桿型或反向 ETF 風險高
   ✓ 有些 ETF 標榜「兩倍做多」、「反向操作」等進階策略，波動大、風險高，不適合初學者。

✎ ETF 的選擇建議
   ✓ 指數型 ETF（如臺灣 50、標普 500、ACWI、VT）是較穩健的選擇。
   ✓ 選擇 ETF 時要了解追蹤的指數內容、分散程度與風險集中在哪些市場或產業。
   ✓ 建議根據自己的風險承受度與投資目標來選擇合適標的。

✎ 心得：

ETF是一個結合「基金的分散優勢」與「股票的交易彈性」的好工具。適合不擅長選股但想長期投資的人。但即使是ETF，也需要了解它的結構、風險來源和追蹤標的，才能真正用得安心、報酬穩定。

→ 投資不能只是「買了放著」，而是需要學習與持續關注。

主要投資工具：房地產

- 為何大家愛投資房地產？
  - 房子屬於實體資產，有「摸得到、看得到」的安全感。
  - 臺灣土地有限，加上人口集中，普遍認為房價長期會上漲。
  - 有機會透過選擇重劃區、新興開發地區等取得價差。
  - 長輩觀念：「有土斯有財」，根深蒂固。

- 主要報酬來源：
  - 租金收入：通過租賃房產，定期收取租金。
  - 資本增值：房地產隨著時間增值，投資者可在賣出時獲得差價。

- 投資房地產的主要挑戰與風險
  - 高門檻進場：須準備大筆頭期款與承擔貸款壓力。
  - 現金流壓力大：房貸長期支出像「餵一隻吃不飽的小怪獸」，影響日常生活。
  - 流動性差：房子無法像股票即時買賣，變現速度慢。
  - 額外成本高：包括修繕費、房屋稅、持有稅、空屋期間租金損失等。
  - 市場風險：受政策、景氣、人口結構等影響，房價非絕對上漲。
  - 財務風險：若使用槓桿（房貸），升息或收入中斷會放大風險。

- 「以房養房」策略
  - ✓ 意指用租金收入支應貸款開支。
  - ✓ 前提條件➔房子需租得出去，且租金要高到能覆蓋貸款。
  - ✓ 本質上是一種槓桿操作，風險大於表面看起來的穩定。
  - ✓ 若遇市場逆風（房價下跌、租不出去），會面臨資金斷裂的壓力。

- 心得：
  - ✓ 房地產可作為資產配置的一部分，但不宜重壓所有資金。
  - ✓ 投資前應全面考量「市場風險、流動性風險、財務風險」三大面向。
  - ✓ 「有土」的確有安全感，但也可能意味著更大的負擔。
  - ✓ 投資房地產須慎重規劃，不可僅憑傳統觀念或市場熱度做決定。

主要投資工具：外匯

- 外匯投資基本概念
  - 外匯投資是透過買進一種貨幣，並在其價值上升後賣出，從中賺取價差。

- 主要報酬來源
  - 匯率波動：外匯的主要回報來自於貨幣之間的價差，投資者透過貨幣的升值或貶值獲利。
  - 利息收入

- 外匯投資的優缺點
  - 優點：
    - 市場流動性高，交易時間長，可以隨時操作。
    - 提供較多的獲利機會。
  - 缺點：
    - 波動大，風險高。
    - 匯率可能在短時間內劇烈變動，導致損失。
    - 使用槓桿時，風險會被放大。

- 外匯投資的風險
  - 匯率波動是外匯投資的最大風險，若無法準確預測市場動向，可能會面臨重大損失。
  - 特別是在全球經濟與各國政策變化下，匯率波動可能更為劇烈。

- 高利率貨幣投資的迷思
  - 很多人會選擇高利率貨幣，如澳幣或南非幣，認為利率高能帶來穩定收益。
  - → 然而，匯率變化可能會迅速抵消利息收益，甚至造成資產損失。

- 單利計算：
  - 澳幣案例：
    - 2007年，澳幣兌美元的匯率為0.85，年利率約6.5%。
    - 假設投資者以10萬美元購入澳幣，17年間利息收入為12.8萬澳幣，但匯率變化使最終回報減少，2024年投資者總收益為5.19萬美元，年化報酬率為2.43%。
  - 南非幣案例：
    - 2007年，美元兌南非幣匯率為7，年利率為9%。
    - 假設投資者以10萬美元購入南非幣，17年間利息收入為17.3萬南非幣，但匯率變動使最終投資者虧損5.2萬美元，年化報酬率為-4.3%。

- 複利計算：
  - 若使用複利計算，投資澳幣，17年後總報酬率為112.1%，年化報酬約4.5%。
  - 南非幣的回報依然低迷，年化報酬約為3.0%。

- 結論
  - 外匯投資不能僅以高利率作為唯一參考，匯率波動才是

決定投資命運的關鍵。
- ✓ 長期持有不一定能夠彌補匯率損失,特別是在匯率大幅貶值的情況下。
- ✓ 複利效果對投資回報有顯著影響,但也要考慮匯率波動的風險。

✎ 心得:
- ✓ 外匯市場的風險非常高,投入前需謹慎評估。
- ✓ 投資者需要具有高度的市場敏銳度與風險控制能力,並了解各種投資工具的潛在風險與回報。
- ✓ 複利顯著提高了投資回報,以澳幣為例,最終投資回報比單利計算高出許多。
- ✓ 外匯投資不僅要看利率,還要考慮匯率變動的影響。雖然高利率貨幣的利息收入可觀,如果匯率大幅貶值,仍可能導致最終回報受影響。

沈芮緹的理財學習筆記：資產配置

- 風險管理與資產配置的重要性
  - 投資風險無法完全消失，但可以透過資產配置來降低風險。
  - 資產配置的概念：將資金分散到不同類型的資產上，如股票、債券、房地產、現金或黃金，以降低單一投資的風險。

- 資產配置的運作方式
  - 分散風險：如果將所有資金投資在股市中，當市場下跌時，資產會大幅縮水。若將部分資金配置在較穩定的資產（如債券或現金），則可減少風險的衝擊。
  - 例子：資金可分配為6成股票，4成債券，這樣既能在市場上漲時享有成長機會，又能在市場下跌時獲得一定的保護。

- 如何配置資產
  - 資產配置最簡單的方式是股債平衡。若風險承受度較低，可提高債券或現金比例；若偏向積極投資，可增加股票的配置。
  - 定期檢視與調整：市場變化和個人財務狀況會隨著時間而變化，定期檢視自己的資產配置，並根據需要進行調整。

- 風險承受度的評估
    - 了解自己的風險承受度是資產配置的關鍵。不同人對風險的接受程度不同，配置時需考慮自己的風險承受範圍。
    - 若不確定風險承受度，可以參考網上的風險測試，但最好的方式是親自投入一些小額投資，逐步了解自己的承受範圍。

- 低風險資產的迷思
    - 即使是低風險資產（如債券或定期存款），仍存在一些風險（如信用風險）。
    - 不能盲目地認為低風險資產是絕對安全的，需要全面了解每種資產的風險特性。

- 資產配置的效果與時間
    - 資產配置是一個長期的策略，短期內不太可能看到顯著效果。
    - 主要作用是減少市場波動的影響，使資產能夠在長期中穩步增長。

- 資產配置的長期價值
    - 資產配置的最大價值在於幫助投資者增強抗市場波動的能力，讓投資能夠更穩健地增長。
    - 資產配置是一項需要長期學習和運用的策略，對於希望穩健增長資產的人來說，值得投入心力。

- 一般投資人的錯誤觀念
  - ✓ 「分散投資就是買很多股票」：真正的資產配置是跨資產類別，而不只是持有多檔股票。
  - ✓ 「資產配置後就不用管了」：市場環境與個人財務狀況會變動，應定期檢視並適時調整配置。
  - ✓ 「低風險等於零風險」：即使是債券或定存，也有信用風險或通膨風險，不應盲目認為低風險資產絕對安全。
  - ✓ 「短期內就能看到明顯效果」：資產配置是長期策略，短期內可能看不到顯著成果，但穩健的配置能減少市場波動的影響。
  - ✓ 「資產配置可以讓投資完全無風險」：資產配置的目的是降低風險，而不是消除風險，每種資產仍有其潛在變數。

沈芮緹的理財學習筆記:定期定額

- 定期定額是什麼?
  - ✓ 每個月固定投入一筆錢(比如3000、5000都可以),買同一個投資標的,不管市場漲跌都照扣,利用「平均成本法」平滑投資成本。

- 定期定額投資重點:
  - ✓ 選擇適合的投資標的:確保所選的ETF或基金符合你的風險承受度和投資目標,避免選擇波動過大或不穩定的資產。
  - ✓ 設定合理的扣款金額:投資金額應在自己可承擔的範圍內,避免設定過高金額影響日常生活。
  - ✓ 堅持長期投資:定期定額的關鍵在於長期持有,避免短期波動影響你的投資決策。
  - ✓ 定期檢視投資組合:定期評估投資表現及市場狀況,必要時作出調整,避免完全忽略市場變化。
  - ✓ 適應市場波動:理解市場波動是無法避免的,並且準備好在市場低迷時保持冷靜,避免情緒化決策。

- 一般投資人可能犯的錯誤:
  - ✓ 認為定期定額不需要再關注市場:投資者可能會認為自動扣款後可以完全不管,但事實上需要定期檢視組合表現並作出調整。
  - ✓ 在市場低迷時停止定期定額:許多投資人在市場低迷時

容易因情緒波動停止投資，這樣會錯失長期回報的機會。
- ✓ 設定不合理的投資金額：若每月的扣款金額過高，可能會造成財務壓力；反之，金額過低則可能達不到預期的積累效果。
- ✓ 過於頻繁調整策略：在短期波動中隨意調整投資策略，可能會錯過長期投資帶來的穩健回報。
- ✓ 忽略配息或再投資：配息收益如果沒有再投資，將影響總回報。忽視配息的運用，是許多投資人常犯的錯誤。

沈芮緹的理財學習筆記：定期定額＋資產配置

本來以為，能投資的錢不多，應該全部拿去買股票或ETF，才賺得快。
今天才知道，原來就算金額不大，也可以用資產配置來分散風險，讓投資走得更穩。

🖉 『定期定額＋資產配置』策略：
- ✓ 定期定額：每個月固定投入一筆錢，利用「平均成本法」平滑投資成本。
- ✓ 資產配置：把資金分散到不同資產類別，降低資產波動度。
- ✓ 兩個方法可以一起用嗎？→可以！而且更好。
  - → 例如：每個月投資10,000，可以拿8,000去投資全球股票型ETF或基金，2,000去買債券型ETF或基金，這樣投資組合比較耐震，不會一下子受市場大波動影響。
- ✓ 應留意的地方：
  - ✦ 投資金額要設定成自己「長期可以負擔」的，扣款不要影響到生活開銷。
  - ✦ 記得定期檢視投資組合，不是扣款就完全不管了。
  - ✦ 投資是馬拉松，不要因為市場短期漲跌就緊張亂動作！
    - →「投資不是比誰跑得快，而是看誰能堅持跑到最後。」

📎 〈原則〉
- ✓ 定期定額：投資長期趨勢向上的市場、長期投資、不能停扣
- ✓ 資產配置：記得要跨市場、跨資產

沈芮緹的理財學習筆記：好得不像真的就可能是詐騙

- 高報酬、低風險＝高風險
  - 投資必有風險，市場漲跌無常，任何保證「穩賺不賠」或「高回報低風險」的項目都值得懷疑。

- 過度包裝＝警訊
  - 詐騙集團會製造專業形象，如豪華辦公室、成功案例、知名人士代言等。
  - 精美影片、新聞報導、名人推薦可能是假的，要查證是否來自可信賴的來源。

- 很多詐騙會用這些話術讓人無法冷靜思考，包括：
  - 「這是內線消息」
  - 「只有熟人才知道」
  - 「名額不多，要趕快」
  - 「政府背景的計畫，合法合規」
    → 當你來不及做功課、來不及問問題就被催促匯錢，請務必停下來，跟值得信賴的第三方討論（例如財經老師、獨立理專，或自己多看幾次新聞）。
    → 詐騙集團最常用的心理操控手法，營造「錯過就沒有」的錯覺。
    → 至少冷靜24小時，不要在壓力下做決定。

- 要你先匯錢，才能獲利或提款
  - ✓ 提款受限、各種理由不讓你領錢，是詐騙的常見特徵。
  - ✓ 真正的投資平臺，不會要求先付「解鎖費」、「手續費」後才能提領。

- 親友推薦 ≠ 安全
  - ✓ 「我朋友投了、真的領到錢」不代表安全，前期可能是假象。
  - ✓ 龐氏騙局（後來的投資人錢補貼前期投資人）常用這種手法。

- 簡單查核，降低風險
  - ✓ 公司是否合法？——查政府監管機構的登記資料。
  - ✓ 投資標的是否合理？——是否有真實產業支撐，而不是只靠「吸金」。
  - ✓ 合約內容是否模糊？——是否規避法律責任？

- 保持懷疑，別貪小便宜
  - ✓ 如果連專業投資人都要精算風險，為何這筆投資「保證賺」？
  - ✓ 聽起來太美好的事情，通常不是真的。

- 心得：
  - ✓ 不懂的投資不碰，不清楚的錢不轉，沒聽過的公司先查！

- ✓ 投資不是靠「聽說」、「朋友推薦」或「越快越好」。
- ✓ 每次想投錢前,提醒自己兩件事:
  - ✦ 這筆錢是我願意承擔風險的嗎?
  - ✦ 我真的理解它的報酬來源和風險結構嗎?
- ✓ 當我聽到「穩賺不賠」時,我的第一反應應該是—「這世界上,只有詐騙敢這麼說話。」

沈芮緹的理財學習筆記：退休準備要趁早

養兒防老 vs. 養錢防老
- ✓ 不應單靠子女養老，應該靠自己的經濟獨立，建立安全感。
- ✓ 孩子的功能是「陪伴」，而不是「供養」。

🖉 退休準備三步驟
- ✓ 第一步：資源盤點
  - ✦ 不只看存款或房產。
  - ✦ 資源包括：時間、技能、健康、人脈、生活掌握力。
  - ✦ 每月記帳：收入與支出項目（如房租、水電、保險等）必須誠實列出。
- ✓ 第二步：設定目標
  - ✦ 依記帳結果估算退休金需求。
  - ✦ 想像自己退休後的生活型態（旅行？繼續工作？社交活動？）。
  - ✦ 具體生活想像越清楚，越容易計算所需金額。
- ✓ 第三步：擬定行動計畫
  - ✦ 根據資源與目標，規劃具體存錢與投資的行動。
  - ✦ 資源有限時，要勇敢調整支出、增加收入，或考慮延後退休。

🖉 退休金基本試算
- ✓ 假設65歲退休，活到90歲，需準備25年生活費。
- ✓ 生活費試算範例：

- 每月3萬元→一年36萬元→25年共需約900萬元。
- 加上醫療費用估算：65歲後醫療支出大增，保守預估需300萬元。
- → 合計退休所需金額：約1200萬元。
- → 扣除可領到的退休金來源（如國民年金、勞退、勞保等）後，需準備的退休金金額（亦即退休金缺口）將低於1200萬元。

∅ 退休金準備需考量通膨
- ✓ 假設年通膨2%，十五年後1200萬元可能需增加到1600萬元才能維持購買力。

∅ 實際存款計畫
- ✓ 假設十五年後需準備1000萬元，年化報酬率6.5%，每月定期定額投資大約需要存入3.5萬元。

∅ 心得：該記住的4個重點：
1. 退休金準備要趁早開始
   - ✓ 想達成理財目標可由（1）提高投資金額、（2）提高投資報酬率、（3）拉長投資期限著手。
   - ✓ 時間是最大的助力，也是最容易掌握的變數，愈早開始準備，壓力愈小。

時間、儲蓄金額、報酬率

每月定期定額金額	各年化報酬率下,達標1000萬所需時間(年)				
	4%	5%	6%	7%	8%
6,000	47.2	41.6	37.3	34.0	31.3
12,000	33.3	30.1	27.5	25.4	23.6
18,000	26.3	24.1	22.2	20.8	19.5
24,000	21.8	20.3	18.8	17.7	16.8
30,000	18.8	17.5	16.4	15.5	14.8

（提高報酬率／提高儲蓄率／提早準備）

2. 以目標1,000萬元退休金為例，假設年化報酬率為6.5％：
   - ✓ 25歲開始準備：
     每月投資4,500元，65歲可達成1,000萬元目標。
   - ✓ 50歲才開始準備：
     每月投資35,000元，才能在65歲達標。
3. 提早準備＝讓複利幫你打工
   →時間讓利息滾利息，負擔自然減輕。
4. 退休金不是老了才來煩惱，是現在就該計畫的事。

參考資料

《債券其實比股票賺更多》,安柏姐著。

《買債券,增加財富變簡單(增訂版)》,安柏姐著。

《有錢人想的和你不一樣》,T. Harv Eker 著。

《快樂實現自主富有:傳奇創投創業大師拉維肯的投資智慧與人生哲學》,Naval Ravikant/ Eric Jorgenson 編著。

《從未來寫回來的逆算手帳》,小堀純子著。

《How thinking about 'future you' can build a happier life》,BBC, 2 February 2022, David Robson.

《The self over time》, Hal Hershfield, Current Opinion in Psychology, Science Direct, 2018

《Rethinking Time: Implications for Well-Being》, Mogilner, C., Hershfield, H.E., & Aaker, J., 2018

《Money, Explain Retirement》, Netflix, 2021 Limited Series.

《Money, Explain Get Rich Quick》, Netflix, 2021 Limited Series.

《Get Smart With Money》, Netflix, 2022.

《How to Get Rich》, Netflix, 2023 Series.

台灣廣廈 國際出版集團
Taiwan Mansion International Group

國家圖書館出版品預行編目（CIP）資料

致未來的你：做對選擇，乘著時間之帆賺錢，擁有自在的人生！看故事學理財，無壓力慢慢變富有！/安柏姐著.
-- 初版. -- 新北市：財經傳訊, 2025.06
　面；　公分
ISBN 978-626-7197-98-1 (平裝)

1.CST: 個人理財　2.CST: 投資　3.CST: 通俗作品
563　　　　　　　　　　　　　　　　　114006397

財經傳訊
TIME & MONEY

致未來的你：
做對選擇，乘著時間之帆賺錢，擁有自在的人生！
看故事學理財，無壓力慢慢變富有！

作　　　者／安柏姐	編輯中心／第五編輯室
	編 輯 長／方宗廉
	封面設計／張天薪　內頁排版／菩薩蠻數位文化有限公司
	製版・印刷・裝訂／東豪・弼聖・紘億・秉成

行企研發中心總監／陳冠蒨	線上學習中心總監／陳冠蒨
媒體公關組／陳柔彣	企製開發組／張哲剛
綜合業務組／何欣穎	

發　行　人／江媛珍
法律顧問／第一國際法律事務所 余淑杏律師・北辰著作權事務所 蕭雄淋律師
出　　版／台灣廣廈有聲圖書有限公司
　　　　　地址：新北市235中和區中山路二段359巷7號2樓
　　　　　電話：（886）2-2225-5777・傳真：（886）2-2225-8052

代理印務・全球總經銷／知遠文化事業有限公司
　　　　　地址：新北市222深坑區北深路三段155巷25號5樓
　　　　　電話：（886）2-2664-8800・傳真：（886）2-2664-8801

郵 政 劃 撥／劃撥帳號：18836722
　　　　　劃撥戶名：知遠文化事業有限公司（※單次購書金額未達1000元，請另付70元郵資。）

■出版日期：2025年06月
ISBN：978-626-7197-98-1　　版權所有，未經同意不得重製、轉載、翻印。